TAILANDESE

VOCABOLARIO

PER STUDIO AUTODIDATTICO

ITALIANO - TAILANDESE

Le parole più utili
Per ampliare il proprio lessico e affinare
le proprie abilità linguistiche

5000 parole

Vocabolario Italiano-Thailandese per studio autodidattico - 5000 parole
Di Andrey Taranov

I vocabolari T&P Books si propongono come strumento di aiuto per apprendere, memorizzare e revisionare l'uso di termini stranieri. Il dizionario si divide in vari argomenti che includono la maggior parte delle attività quotidiane, tra cui affari, scienza, cultura, ecc.

Il processo di apprendimento delle parole attraverso i dizionari divisi in liste tematiche della collana T&P Books offre i seguenti vantaggi:

- Le fonti d'informazione correttamente raggruppate garantiscono un buon risultato nella memorizzazione delle parole
- La possibilità di memorizzare gruppi di parole con la stessa radice (piuttosto che memorizzarle separatamente)
- Piccoli gruppi di parole facilitano il processo di apprendimento per associazione, utile al potenziamento lessicale
- Il livello di conoscenza della lingua può essere valutato attraverso il numero di parole apprese

T&P Books Publishing
www.tpbooks.com

ISBN: 978-1-78767-246-8

Questo libro è disponibile anche in formato e-book.
Visitate il sito www.tpbooks.com o le principali librerie online.

VOCABOLARIO THAILANDESE
per studio autodidattico

I vocabolari T&P Books si propongono come strumento di aiuto per apprendere, memorizzare e revisionare l'uso di termini stranieri. Il vocabolario contiene oltre 5000 parole di uso comune ordinate per argomenti.

- Il vocabolario contiene le parole più comunemente usate
- È consigliato in aggiunta ad un corso di lingua
- Risponde alle esigenze degli studenti di lingue straniere sia essi principianti o di livello avanzato
- Pratico per un uso quotidiano, per gli esercizi di revisione e di autovalutazione
- Consente di valutare la conoscenza del proprio lessico

Caratteristiche specifiche del vocabolario:

- Le parole sono ordinate secondo il proprio significato e non alfabeticamente
- Le parole sono riportate in tre colonne diverse per facilitare il metodo di revisione e autovalutazione
- I gruppi di parole sono divisi in sottogruppi per facilitare il processo di apprendimento
- Il vocabolario offre una pratica e semplice trascrizione fonetica per ogni termine straniero

Il vocabolario contiene 155 argomenti tra cui:

Concetti di Base, Numeri, Colori, Mesi, Stagioni, Unità di Misura, Abbigliamento e Accessori, Cibo e Alimentazione, Ristorante, Membri della Famiglia, Parenti, Personalità, Sentimenti, Emozioni, Malattie, Città, Visita Turistica, Acquisti, Denaro, Casa, Ufficio, Lavoro d'Ufficio, Import-export, Marketing, Ricerca di un Lavoro, Sport, Istruzione, Computer, Internet, Utensili, Natura, Paesi, Nazionalità e altro ancora ...

INDICE

GUIDA ALLA PRONUNCIA

Alfabeto fonetico T&P   Esempio thailandese   Esempio italiano

Vocali

[a]	ห้า [hâ:] – hâa	macchia
[e]	เป็นลม [pen lom] – bpen lom	meno, leggere
[i]	วินัย [wi? naj] – wí–nai	vittoria
[o]	โกน [ko:n] – gohn	notte
[u]	ขุนเคือง [kʰùn kʰɯ:aŋ] – khùn kheuang	prugno
[aa]	ราคา [ra: kʰa:] – raa–khaa	scusare
[oo]	ภูมิใจ [pʰu:m tɕaj] – phoom jai	discutere
[ee]	บัญชี [ban tɕʰi:] – ban–chee	scacchi
[eu]	เดือน [dɯ:an] – deuan	Come [u], vocale posteriore alta, ma senza le labbra arrotondate.
[er]	เงิน [ŋɤn] – ngern	Come [o], vocale posteriore, ma senza le labbra arrotondate.
[ae]	แปล [plɛ:] – bplae	essere
[ay]	เลข [lê:k] – lâyk	essere
[ai]	ไปป์ [paj] – bpai	marinaio
[oi]	โพย [pʰo:j] – phoi	vassoio
[ya]	สัญญา [sǎn ja:] – sǎn–yaa	piazza
[oie]	อบเชย [?òp tɕʰɤ:j] – òp–choie	Combinazione [ə:i]
[ieo]	หน้าเชียว [nâ: si:aw] – nâa sieow	KIA (auto)

Consonanti iniziali

[b]	บาง [ba:ŋ] – baang	bianco
[d]	สีแดง [sǐ: dɛ:ŋ] – sěe daeng	doccia
[f]	มันฝรั่ง [man fà ràŋ] – man fà–ràng	ferrovia
[h]	เฮลซิงกิ [he:n siŋ kì?] – hayn–sing–gi	[h] aspirate
[y]	ยี่สิบ [jî: sìp] – yêe sìp	New York
[g]	กรง [kroŋ] – grorng	guerriero
[kh]	เลขา [le: kʰǎ:] – lay–khǎa	[k] aspirate
[l]	เล็ก [lék] – lék	saluto
[m]	เมลอน [me: lɔ:n] – may–lorn	mostra
[n]	หนัง [nǎŋ] – nǎng	notte
[ng]	เงือก [ŋɯ:ak] – ngêuak	fango
[bp]	เป็น [pen] – bpen	pieno
[ph]	เผา [pʰǎw] – phǎo	[p] aspirate
[r]	เบอร์รี่ [bɤ: rî:] – ber–rêe	ritmo, raro
[s]	ซ่อน [sôn] – sôrn	sapere
[dt]	ดนตรี [don tri:] – don–dtree	tattica
[j]	ปั้นจั่น [pân tɕàn] – bpân jàn	come [tch] ma più schiacciato

Alfabeto fonetico T&P	Esempio thailandese	Esempio italiano
[ch]	วิชา [wiʔ tɕʰaː] – wí–chaa	[tsch] aspirate
[th]	แถว [tʰɛːw] – thǎe	[t] aspirate
[w]	เคียว [kʰiːaw] – khieow	week-end

Consonanti finali

[k]	แม่เหล็ก [mɛː lèk] – mâe lèk	cometa
[m]	เพิ่ม [pʰɤːm] – phêrm	mostra
[n]	เนียน [niːan] – nian	notte
[ng]	เป็นห่วง [pen hùːaŋ] – bpen hùang	fango
[p]	ไม่ขยับ [mâj kʰà ja p] – mâi khà–yàp	pieno
[t]	ลูกเป็ด [lûːk pèt] – lôok bpèt	tattica

Note di commento

Tono medio - [ā] การดูล [gaan khon]
Tono basso - [à] แจกจ่าย [jàek jàai]
Tono decrescente - [â] แถม [dtâem]
Tono alto - [á] แซ็กโซโฟน [sáek-soh-fohn]
Tono crescente - [ǎ] เนินเขา [nern khǎo]

ABBREVIAZIONI
usate nel vocabolario

Italiano. Abbreviazioni

agg	-	aggettivo
anim.	-	animato
avv	-	avverbio
cong	-	congiunzione
ecc.	-	eccetera
f	-	sostantivo femminile
f pl	-	femminile plurale
fem.	-	femminile
form.	-	formale
inanim.	-	inanimato
inform.	-	familiare
m	-	sostantivo maschile
m pl	-	maschile plurale
m, f	-	maschile, femminile
masc.	-	maschile
mil.	-	militare
pl	-	plurale
pron	-	pronome
qc	-	qualcosa
qn	-	qualcuno
sing.	-	singolare
v aus	-	verbo ausiliare
vi	-	verbo intransitivo
vi, vt	-	verbo intransitivo, transitivo
vr	-	verbo riflessivo
vt	-	verbo transitivo

CONCETTI DI BASE

Concetti di base. Parte 1

1. Pronomi

tu	คุณ	khun
lui	เขา	khǎo
lei	เธอ	ther
esso	มัน	man
noi	เรา	rao
voi	คุณทั้งหลาย	khun tháng lǎai
Lei	คุณ	khun
Voi	คุณทั้งหลาย	khun tháng lǎai
loro (masc.)	เขา	khǎo
loro (fem.)	เธอ	ther

2. Saluti. Convenevoli. Saluti di congedo

Salve!	สวัสดี!	sà-wàt-dee
Buongiorno!	สวัสดี ครับ/ค่ะ!	sà-wàt-dee khráp/khâ
Buongiorno! (la mattina)	อรุณสวัสดี!	a-run sà-wàt
Buon pomeriggio!	สวัสดีตอนบ่าย	sà-wàt-dee dtorn-bàai
Buonasera!	สวัสดีตอนค่ำ	sà-wàt-dee dtorn-khâm
salutare (vt)	ทักทาย	thák thaai
Ciao! Salve!	สวัสดี!	sà-wàt-dee
saluto (m)	คำทักทาย	kham thák thaai
salutare (vt)	ทักทาย	thák thaai
Come sta?	คุณสบายดีไหม?	khun sà-baai dee mǎi
Come stai?	สบายดีไหม?	sà-baai dee mǎi
Che c'è di nuovo?	มีอะไรใหม่?	mee à-rai mài
Arrivederci!	ลาก่อน!	laa gòrn
Ciao!	บาย!	baai
A presto!	พบกันใหม่	phóp gan mài
Addio! (inform.)	ลาก่อน!	laa gòrn
Addio! (form.)	สวัสดี!	sà-wàt-dee
congedarsi (vr)	บอกลา	bòrk laa
Ciao! (A presto!)	ลาก่อน!	laa gòrn
Grazie!	ขอบคุณ!	khòrp khun
Grazie mille!	ขอบคุณมาก!	khòrp khun mâak
Prego	ยินดีช่วย	yin dee chûay
Non c'è di che!	ไม่เป็นไร	mâi bpen rai

Di niente	ไม่เป็นไร	mâi bpen rai
Scusa!	ขอโทษที!	khŏr thôht thee
Scusi!	ขอโทษ ครับ/ค่ะ!	khŏr thôht khráp / khâ
scusare (vt)	ให้อภัย	hâi a-phai

scusarsi (vr)	ขอโทษ	khŏr thôht
Chiedo scusa	ขอโทษ	khŏr thôht
Mi perdoni!	ขอโทษ!	khŏr thôht
perdonare (vt)	อภัย	a-phai
Non fa niente	ไม่เป็นไร!	mâi bpen rai
per favore	โปรด	bpròht

Non dimentichi!	อย่าลืม!	yàa leum
Certamente!	แน่นอน!	nâe norn
Certamente no!	ไม่ใช่แน่!	mâi châi nâe
D'accordo!	โอเค!	oh-khay
Basta!	พอแล้ว	phor láew

3. Come rivolgersi

Mi scusi!	ขอโทษ	khŏr thôht
signore	ท่าน	thâan
signora	คุณ	khun
signorina	คุณ	khun
signore	พ่อหนุ่ม	phôr nùm
ragazzo	หนู	nŏo
ragazza	หนู	nŏo

4. Numeri cardinali. Parte 1

zero (ili)	ศูนย์	sŏon
uno	หนึ่ง	nèung
due	สอง	sŏrng
tre	สาม	săam
quattro	สี่	sèe

cinque	ห้า	hâa
sei	หก	hòk
sette	เจ็ด	jèt
otto	แปด	bpàet
nove	เก้า	gâo

dieci	สิบ	sìp
undici	สิบเอ็ด	sìp èt
dodici	สิบสอง	sìp sŏrng
tredici	สิบสาม	sìp săam
quattordici	สิบสี่	sìp sèe

quindici	สิบห้า	sìp hâa
sedici	สิบหก	sìp hòk
diciassette	สิบเจ็ด	sìp jèt
diciotto	สิบแปด	sìp bpàet

diciannove	สิบเก้า	sìp gâo
venti	ยี่สิบ	yêe sìp
ventuno	ยี่สิบเอ็ด	yêe sìp èt
ventidue	ยี่สิบสอง	yêe sìp sŏrng
ventitre	ยี่สิบสาม	yêe sìp săam

trenta	สามสิบ	săam sìp
trentuno	สามสิบเอ็ด	săam-sìp-èt
trentadue	สามสิบสอง	săam-sìp-sŏrng
trentatre	สามสิบสาม	săam-sìp-săam

quaranta	สี่สิบ	sèe sìp
quarantuno	สี่สิบเอ็ด	sèe-sìp-èt
quarantadue	สี่สิบสอง	sèe-sìp-sŏrng
quarantatre	สี่สิบสาม	sèe-sìp-săam

cinquanta	ห้าสิบ	hâa sìp
cinquantuno	ห้าสิบเอ็ด	hâa-sìp-èt
cinquantadue	ห้าสิบสอง	hâa-sìp-sŏrng
cinquantatre	หาสิบสาม	hâa-sìp-săam

sessanta	หกสิบ	hòk sìp
sessantuno	หกสิบเอ็ด	hòk-sìp-èt
sessantadue	หกสิบสอง	hòk-sìp-sŏrng
sessantatre	หกสิบสาม	hòk-sìp-săam

settanta	เจ็ดสิบ	jèt sìp
settantuno	เจ็ดสิบเอ็ด	jèt-sìp-èt
settantadue	เจ็ดสิบสอง	jèt-sìp-sŏrng
settantatre	เจ็ดสิบสาม	jèt-sìp-săam

ottanta	แปดสิบ	bpàet sìp
ottantuno	แปดสิบเอ็ด	bpàet-sìp-èt
ottantadue	แปดสิบสอง	bpàet-sìp-sŏrng
ottantatre	แปดสิบสาม	bpàet-sìp-săam

novanta	เก้าสิบ	gâo sìp
novantuno	เก้าสิบเอ็ด	gâo-sìp-èt
novantadue	เก้าสิบสอง	gâo-sìp-sŏrng
novantatre	เกาสิบสาม	gâo-sìp-săam

5. Numeri cardinali. Parte 2

cento	หนึ่งร้อย	nèung rói
duecento	สองร้อย	sŏrng rói
trecento	สามร้อย	săam rói
quattrocento	สี่ร้อย	sèe rói
cinquecento	ห้าร้อย	hâa rói

seicento	หกร้อย	hòk rói
settecento	เจ็ดร้อย	jèt rói
ottocento	แปดร้อย	bpàet rói
novecento	เก้าร้อย	gâo rói
mille	หนึ่งพัน	nèung phan

duemila	สองพัน	sŏrng phan
tremila	สามพัน	săam phan
diecimila	หนึ่งหมื่น	nèung mèun
centomila	หนึ่งแสน	nèung săen
milione (m)	ล้าน	láan
miliardo (m)	พันล้าน	phan láan

6. Numeri ordinali

primo	แรก	râek
secondo	ที่สอง	thêe sŏrng
terzo	ที่สาม	thêe săam
quarto	ที่สี่	thêe sèe
quinto	ที่ห้า	thêe hâa

sesto	ที่หก	thêe hòk
settimo	ที่เจ็ด	thêe jèt
ottavo	ที่แปด	thêe bpàet
nono	ที่เก้า	thêe gâo
decimo	ที่สิบ	thêe sìp

7. Numeri. Frazioni

frazione (f)	เศษส่วน	sàyt sùan
un mezzo	หนึ่งส่วนสอง	nèung sùan sŏrng
un terzo	หนึ่งส่วนสาม	nèung sùan săam
un quarto	หนึ่งส่วนสี่	nèung sùan sèe
un ottavo	หนึ่งส่วนแปด	nèung sùan bpàet
un decimo	หนึ่งส่วนสิบ	nèung sùan sìp
due terzi	สองส่วนสาม	sŏrng sùan săam
tre quarti	สามส่วนสี่	săam sùan sèe

8. Numeri. Operazioni aritmetiche di base

sottrazione (f)	การลบ	gaan lóp
sottrarre (vt)	ลบ	lóp
divisione (f)	การหาร	gaan hăan
dividere (vt)	หาร	hăan
addizione (f)	การบวก	gaan bùak
addizionare (vt)	บวก	bùak
aggiungere (vt)	เพิ่ม	phêrm
moltiplicazione (f)	การคูณ	gaan khon
moltiplicare (vt)	คูณ	khoon

9. Numeri. Varie

| cifra (f) | ตัวเลข | dtua lâyk |
| numero (m) | เลข | lâyk |

15

numerale (m)	ตัวเลข	dtua lâyk
meno (m)	เครื่องหมายลบ	khrêuang măai lóp
più (m)	เครื่องหมายบวก	khrêuang măai bùak
formula (f)	สูตร	sòot

calcolo (m)	การนับ	gaan náp
contare (vt)	นับ	náp
calcolare (vt)	นับ	náp
comparare (vt)	เปรียบเทียบ	bprìap thîap

| Quanto? | เท่าไหร่? | thâo rài |
| Quanti? | กี่...? | gèe...? |

somma (f)	ผลรวม	phŏn ruam
risultato (m)	ผลลัพธ์	phŏn láp
resto (m)	ที่เหลือ	thêe lĕua

qualche ...	สองสาม	sŏrng săam
un po' di ...	นิดหน่อย	nít nòi
alcuni, pochi (non molti)	น้อย	nói

resto (m)	ที่เหลือ	thêe lĕua
uno e mezzo	หนึ่งครึ่ง	nèung khrêung
dozzina (f)	โหล	lŏh

in due	เป็นสองส่วน	bpen sŏrng sùan
in parti uguali	เท่าเทียมกัน	thâo thiam gan
metà (f), mezzo (m)	ครึ่ง	khrêung
volta (f)	ครั้ง	khráng

10. I verbi più importanti. Parte 1

accorgersi (vr)	สังเกต	săng-gàyt
afferrare (vt)	จับ	jàp
affittare (dare in affitto)	เช่า	châo
aiutare (vt)	ช่วย	chûay
amare (qn)	รัก	rák

andare (camminare)	ไป	bpai
annotare (vt)	จด	jòt
appartenere (vi)	เป็นของของ...	bpen khŏrng khŏrng...
aprire (vt)	เปิด	bpèrt
arrivare (vi)	มา	maa
aspettare (vt)	รอ	ror

avere (vt)	มี	mee
avere fame	หิว	hĭw
avere fretta	รีบ	rêep

avere paura	กลัว	glua
avere sete	กระหายน้ำ	grà-hăai náam
avvertire (vt)	เตือน	dteuan
cacciare (vt)	ลา	lâa
cadere (vi)	ตก	dtòk

cambiare (vt)	เปลี่ยน	bplìan
capire (vt)	เข้าใจ	khâo jai
cenare (vi)	ทานอาหารเย็น	thaan aa-hǎan yen
cercare (vt)	หา	hǎa
cessare (vt)	หยุด	yùt
chiedere (~ aiuto)	เรียก	rîak

chiedere (domandare)	ถาม	thǎam
cominciare (vt)	เริ่ม	rêrm
comparare (vt)	เปรียบเทียบ	bprìap thîap
confondere (vt)	สับสน	sàp sǒn
conoscere (qn)	รู้จัก	róo jàk

conservare (vt)	รักษา	rák-sǎa
consigliare (vt)	แนะนำ	náe nam
contare (calcolare)	นับ	náp
contare su ...	พึ่งพา	phêung phaa
continuare (vt)	ทำต่อไป	tham dtòr bpai

controllare (vt)	ควบคุม	khûap khum
correre (vi)	วิ่ง	wîng
costare (vt)	ราคา	raa-khaa
creare (vt)	สร้าง	sâang
cucinare (vi)	ทำอาหาร	tham aa-hǎan

11. I verbi più importanti. Parte 2

dare (vt)	ให้	hâi
dare un suggerimento	บอกใบ้	bòrk bâi
decorare (adornare)	ประดับ	bprà-dàp
difendere (~ un paese)	ปกป้อง	bpòk bpôrng
dimenticare (vt)	ลืม	leum

dire (~ la verità)	บอก	bòrk
dirigere (compagnia, ecc.)	บริหาร	bor-rí-hǎan
discutere (vt)	หารือ	hǎa-reu
domandare (vt)	ขอ	khǒr
dubitare (vi)	สงสัย	sǒng-sǎi

entrare (vi)	เข้า	khâo
esigere (vt)	เรียกร้อง	rîak rórng
esistere (vi)	มีอยู่	mee yòo

essere (vi)	เป็น	bpen
essere d'accordo	เห็นด้วย	hěn dûay
fare (vt)	ทำ	tham
fare colazione	ทานอาหารเช้า	thaan aa-hǎan cháo

fare il bagno	ไปว่ายน้ำ	bpai wâai náam
fermarsi (vr)	หยุด	yùt
fidarsi (vr)	เชื่อ	chêua
finire (vt)	จบ	jòp
firmare (~ un documento)	ลงนาม	long naam
giocare (vi)	เล่น	lên

girare (~ a destra)	เลี้ยว	líeow
gridare (vi)	ตะโกน	dtà-gohn
indovinare (vt)	คูดเดา	khâat dao
informare (vt)	แจง	jâeng
ingannare (vt)	หลอก	lòrk
insistere (vi)	ยืนยัน	yeun yan
insultare (vt)	ดูถูก	doo thòok
interessarsi di ...	สนใจใน	sŏn jai nai
invitare (vt)	เชิญ	chern
lamentarsi (vr)	บ่น	bòn
lasciar cadere	ทิ้งให้ตก	thíng hâi dtòk
lavorare (vi)	ทำงาน	tham ngaan
leggere (vi, vt)	อ่าน	àan
liberare (vt)	ปลดปล่อย	bplòt bplòi

12. I verbi più importanti. Parte 3

mancare le lezioni	พลาด	phlâat
mandare (vt)	ส่ง	sòng
menzionare (vt)	กุลาวถึง	glàao thĕung
minacciare (vt)	ขู	khòo
mostrare (vt)	แสดง	sà-daeng
nascondere (vt)	ซ่อน	sôrn
nuotare (vi)	วายน้ำ	wâai náam
obiettare (vt)	คูาน	kháan
occorrere (vimp)	ต้องการ	dtôrng gaan
ordinare (~ il pranzo)	สั่ง	sàng
ordinare (mil.)	สั่งการ	sàng gaan
osservare (vt)	สังเกตการณ์	săng-gàyt gaan
pagare (vi, vt)	จ่าย	jàai
parlare (vi, vt)	พูด	phôot
partecipare (vi)	มีส่วนร่วม	mee sùan rûam
pensare (vi, vt)	คิด	khít
perdonare (vt)	ให้อภัย	hâi a-phai
permettere (vt)	อนุญาต	a-nú-yâat
piacere (vi)	ซอบ	chôrp
piangere (vi)	ร้องไห้	rórng hâi
pianificare (vt)	วางแผน	waang phăen
possedere (vt)	เป็นเจาของ	bpen jâo khŏrng
potere (v aus)	สามารถ	săa-mâat
pranzare (vi)	ทานอาหารเที่ยง	thaan aa-hăan thîang
preferire (vt)	ชอบ	chôrp
pregare (vi, vt)	ภาวนา	phaa-wá-naa
prendere (vt)	เอา	ao
prevedere (vt)	คาดหวัง	khâat wăng
promettere (vt)	สัญญา	săn-yaa
pronunciare (vt)	ออกเสียง	òrk sĭang

18

proporre (vt)	เสนอ	sà-něr
punire (vt)	ลงโทษ	long thôht
raccomandare (vt)	แนะนำ	náe nam
ridere (vi)	หัวเราะ	hǔa rór
rifiutarsi (vr)	ปฏิเสธ	bpà-dtì-sàyt

rincrescere (vi)	เสียใจ	sǐa jai
ripetere (ridire)	ซ้ำ	sám
riservare (vt)	จอง	jorng
rispondere (vi, vt)	ตอบ	dtòrp
rompere (spaccare)	แตก	dtàek
rubare (~ i soldi)	ขโมย	khà-moi

13. I verbi più importanti. Parte 4

salvare (~ la vita a qn)	กู้	gôo
sapere (vt)	รู้	róo
sbagliare (vi)	ทำผิด	tham phìt
scavare (vt)	ขุด	khùt
scegliere (vt)	เลือก	lêuak

scendere (vi)	ลง	long
scherzare (vi)	ลอเล่น	lór lên
scrivere (vt)	เขียน	khǐan
scusare (vt)	ให้อภัย	hâi a-phai
scusarsi (vr)	ขอโทษ	khǒr thôht

sedersi (vr)	นั่ง	nâng
seguire (vt)	ไปตาม...	bpai dtaam...
sgridare (vt)	ดุด่า	dù dàa
significare (vt)	หมาย	mǎai
sorridere (vi)	ยิ้ม	yím

sottovalutare (vt)	ดูถูก	doo thòok
sparare (vi)	ยิง	ying
sperare (vi, vt)	หวัง	wǎng
spiegare (vt)	อธิบาย	à-thí-baai
studiare (vt)	เรียน	rian

stupirsi (vr)	ประหลาดใจ	bprà-làat jai
tacere (vi)	นิ่งเงียบ	nîng ngîap
tentare (vt)	พยายาม	phá-yaa-yaam
toccare (~ con le mani)	แตะต้อง	dtàe dtôrng
tradurre (vt)	แปล	bplae

trovare (vt)	พบ	phóp
uccidere (vt)	ฆ่า	khâa
udire (percepire suoni)	ได้ยิน	dâai yin
unire (vt)	สมาน	sà-mǎan
uscire (vi)	ออกไป	òrk bpai

vantarsi (vr)	โอ้อวด	ôh ùat
vedere (vt)	เห็น	hěn
vendere (vt)	ขาย	khǎai

| volare (vi) | บิน | bin |
| volere (desiderare) | ต้องการ | dtông gaan |

14. Colori

colore (m)	สี	sĕe
sfumatura (f)	สีอ่อน	sĕe òrn
tono (m)	สีสัน	sĕe săn
arcobaleno (m)	สายรุ้ง	săai rúng

bianco (agg)	สีขาว	sĕe khăao
nero (agg)	สีดำ	sĕe dam
grigio (agg)	สีเทา	sĕe thao

verde (agg)	สีเขียว	sĕe khĭeow
giallo (agg)	สีเหลือง	sĕe lĕuang
rosso (agg)	สีแดง	sĕe daeng

blu (agg)	สีน้ำเงิน	sĕe nám ngern
azzurro (agg)	สีฟ้า	sĕe fáa
rosa (agg)	สีชมพู	sĕe chom-poo
arancione (agg)	สีส้ม	sĕe sôm
violetto (agg)	สีม่วง	sĕe mûang
marrone (agg)	สีน้ำตาล	sĕe nám dtaan

| d'oro (agg) | สีทอง | sĕe thorng |
| argenteo (agg) | สีเงิน | sĕe ngern |

beige (agg)	สีน้ำตาลอ่อน	sĕe nám dtaan òrn
color crema (agg)	สีครีม	sĕe khreem
turchese (agg)	สีเขียวแกม	sĕe khĭeow gaem
	น้ำเงิน	náam ngern
rosso ciliegia (agg)	สีแดงเชอร์รี่	sĕe daeng cher-rêe
lilla (agg)	สีม่วงอ่อน	sĕe mûang-òrn
rosso lampone (agg)	สีแดงเข้ม	sĕe daeng khâym

chiaro (agg)	อ่อน	òrn
scuro (agg)	แก่	gàe
vivo, vivido (agg)	สด	sòt

colorato (agg)	สี	sĕe
a colori	สี	sĕe
bianco e nero (agg)	ขาวดำ	khăao-dam
in tinta unita	สีเดียว	sĕe dieow
multicolore (agg)	หลากสี	làak sĕe

15. Domande

Chi?	ใคร?	khrai
Che cosa?	อะไร?	a-rai
Dove? (in che luogo?)	ที่ไหน?	thêe năi
Dove? (~ vai?)	ที่ไหน?	thêe năi

Di dove?, Da dove?	จากที่ไหน?	jàak thêe nǎi
Quando?	เมื่อไหร่?	mêua rài
Perché? (per quale scopo?)	ทำไม?	tham-mai
Perché? (per quale ragione?)	ทำไม?	tham-mai

Per che cosa?	เพื่ออะไร?	phêua a-rai
Come?	อย่างไร?	yàang rai
Che? (~ colore è?)	อะไร?	a-rai
Quale?	ไหน?	nǎi

A chi?	สำหรับใคร?	sǎm-ràp khrai
Di chi?	เกี่ยวกับใคร?	gìeow gàp khrai
Di che cosa?	เกี่ยวกับอะไร?	gìeow gàp a-rai
Con chi?	กับใคร?	gàp khrai

Quanti?	กี่...?	gèe...?
Quanto?	เท่าไหร่?	thâo rài
Di chi?	ของใคร?	khǒrng khrai

16. Preposizioni

con (tè ~ il latte)	กับ	gàp
senza	ปราศจาก	bpràat-sà-jàak
a (andare ~ ...)	ไปที่	bpai thêe
di (parlare ~ ...)	เกี่ยวกับ	gìeow gàp
prima di ...	ก่อน	gòrn
di fronte a ...	หน้า	nâa

sotto (avv)	ใต้	dtâi
sopra (al di ~)	เหนือ	něua
su (sul tavolo, ecc.)	บน	bon
da, di (via da ..., fuori di ...)	จาก	jàak
di (fatto ~ cartone)	ทำใช้	tham chái

fra (~ dieci minuti)	ใน	nai
attraverso (dall'altra parte)	ข้าม	khâam

17. Parole grammaticali. Avverbi. Parte 1

Dove?	ที่ไหน?	thêe nǎi
qui (in questo luogo)	ที่นี่	thêe nêe
lì (in quel luogo)	ที่นั่น	thêe nân

da qualche parte (essere ~)	ที่ใดที่หนึ่ง	thêe dai thêe nèung
da nessuna parte	ไม่มีที่ไหน	mâi mee thêe nǎi

vicino a ...	ข้าง	khâang
vicino alla finestra	ข้างหน้าต่าง	khâang nâa dtàang

Dove?	ที่ไหน?	thêe nǎi
qui (vieni ~)	ที่นี่	thêe nêe
ci (~ vado stasera)	ที่นั่น	thêe nân

21

da qui	จากที่นี่	jàak thêe nêe
da lì	จากที่นั่น	jàak thêe nân
vicino, accanto (avv)	ใกล้	glâi
lontano (avv)	ไกล	glai
vicino (~ a Parigi)	ใกล้	glâi
vicino (qui ~)	ใกล้ๆ	glâi glâi
non lontano	ไม่ไกล	mâi glai
sinistro (agg)	ซ้าย	sáai
a sinistra (rimanere ~)	ข้างซ้าย	khâang sáai
a sinistra (girare ~)	ซ้าย	sáai
destro (agg)	ขวา	khwǎa
a destra (rimanere ~)	ข้างขวา	khâang kwǎa
a destra (girare ~)	ขวา	khwǎa
davanti	ข้างหน้า	khâang nâa
anteriore (agg)	หน้า	nâa
avanti	หนา	nâa
dietro (avv)	ข้างหลัง	khâang lǎng
da dietro	จากข้างหลัง	jàak khâang lǎng
indietro	หลัง	lǎng
mezzo (m), centro (m)	กลาง	glaang
in mezzo, al centro	ตรงกลาง	dtrorng glaang
di fianco	ข้าง	khâang
dappertutto	ทุกที่	thúk thêe
attorno	รอบ	rôrp
da dentro	จากข้างใน	jàak khâang nai
da qualche parte (andare ~)	ที่ไหน	thêe nǎi
dritto (direttamente)	ตรงไป	dtrorng bpai
indietro	กลับ	glàp
da qualsiasi parte	จากที่ใด	jàak thêe dai
da qualche posto	จากที่ใด	jàak thêe dai
(veniamo ~)		
in primo luogo	ข้อที่หนึ่ง	khôr thêe nèung
in secondo luogo	ข้อที่สอง	khôr thêe sǒrng
in terzo luogo	ขอที่สาม	khôr thêe sǎam
all'improvviso	ในทันที	nai than thee
all'inizio	ตอนแรก	dtorn-râek
per la prima volta	เป็นครั้งแรก	bpen khráng râek
molto tempo prima di...	นานๆกอน	naan gòrn
di nuovo	ใหม่	mài
per sempre	ใหจบสิ้น	hâi jòp sîn
mai	ไม่เคย	mâi khoie
ancora	อีกครั้งหนึ่ง	èek khráng nèung
adesso	ตอนนี้	dtorn-née

spesso (avv)	บ่อย	bòi
allora	เวลานั้น	way-laa nán
urgentemente	อย่างเร่งด่วน	yàang râyng dùan
di solito	มักจะ	mák jà

a proposito, ...	อนึ่ง	à-nèung
è possibile	เป็นไปได้	bpen bpai dâai
probabilmente	อาจจะ	àat jà
forse	อาจจะ	àat jà
inoltre ...	นอกจากนั้น...	nôrk jàak nán...
ecco perché ...	นั่นเป็นเหตุผลที่...	nân bpen hàyt phŏn thêe...
nonostante (~ tutto)	แม้ว่า...	máe wâa...
grazie a ...	เนื่องจาก...	nêuang jàak...

che cosa (pron)	อะไร	a-rai
che (cong)	ที่	thêe
qualcosa (qualsiasi cosa)	อะไร	a-rai
qualcosa (le serve ~?)	อะไรก็ตาม	a-rai gôr dtaam
niente	ไม่มีอะไร	mâi mee a-rai

chi (pron)	ใคร	khrai
qualcuno (annuire a ~)	บางคน	baang khon
qualcuno (dipendere da ~)	บางคน	baang khon

nessuno	ไม่มีใคร	mâi mee khrai
da nessuna parte	ไม่ไปไหน	mâi bpai năi
di nessuno	ไม่เป็นของของใคร	mâi bpen khŏrng khŏrng khrai
di qualcuno	ของคนหนึ่ง	khŏrng khon nèung

così (era ~ arrabbiato)	มาก	mâak
anche (penso ~ a ...)	ด้วย	dûay
anche, pure	ด้วย	dûay

18. Parole grammaticali. Avverbi. Parte 2

Perché?	ทำไม?	tham-mai
per qualche ragione	เพราะเหตุผลอะไร	phrór hàyt phŏn à-rai
perché ...	เพราะว่า...	phrór wâa
per qualche motivo	ด้วยจุดประสงค์อะไร	dûay jùt bprà-sŏng a-rai

e (cong)	และ	láe
o (sì ~ no?)	หรือ	rěu
ma (però)	แต่	dtàe
per (~ me)	สำหรับ	săm-ràp

troppo	เกินไป	gern bpai
solo (avv)	เท่านั้น	thâo nán
esattamente	ตรง	dtrorng
circa (~ 10 dollari)	ประมาณ	bprà-maan

approssimativamente	ประมาณ	bprà-maan
approssimativo (agg)	ประมาณ	bprà-maan
quasi	เกือบ	gèuap

23

resto	ที่เหลือ	thêe lĕua
l'altro (~ libro)	อื่ก	èek
altro (differente)	อื่น	èun
ogni (agg)	ทุก	thúk
qualsiasi (agg)	ใดๆ	dai dai
molti	หลาย	lăai
molto (avv)	มาก	mâak
molta gente	หลายคน	lăai khon
tutto, tutti	ทุกๆ	thúk thúk

in cambio di ...	ที่จะเปลี่ยนเป็น	thêe jà bplìan bpen
in cambio	แทน	thaen
a mano (fatto ~)	ใช้มือ	chái meu
poco probabile	แทบจะไม่	thâep jà mâi

probabilmente	อาจจะ	àat jà
apposta	โดยเจตนา	doi jàyt-dtà-naa
per caso	บังเอิญ	bang-ern

molto (avv)	มาก	mâak
per esempio	ยกตัวอย่าง	yók dtua yàang
fra (~ due)	ระหว่าง	rá-wàang
fra (~ più di due)	ทามกลาง	tâam-glaang
tanto (quantità)	มากมาย	mâak maai
soprattutto	โดยเฉพาะ	doi chà-phór

Concetti di base. Parte 2

19. Giorni della settimana

lunedì (m)	วันจันทร์	wan jan
martedì (m)	วันอังคาร	wan ang-khaan
mercoledì (m)	วันพุธ	wan phút
giovedì (m)	วันพฤหัสบดี	wan phá-réu-hàt-sà-bor-dee
venerdì (m)	วันศุกร์	wan sùk
sabato (m)	วันเสาร์	wan săo
domenica (f)	วันอาทิตย์	wan aa-thít
oggi (avv)	วันนี้	wan née
domani	พรุ่งนี้	phrûng-née
dopodomani	วันมะรืนนี้	wan má-reun née
ieri (avv)	เมื่อวานนี้	mêua waan née
l'altro ieri	เมื่อวานซืนนี้	mêua waan-seun née
giorno (m)	วัน	wan
giorno (m) lavorativo	วันทำงาน	wan tham ngaan
giorno (m) festivo	วันนักขัตฤกษ์	wan nák-khàt-rêrk
giorno (m) di riposo	วันหยุด	wan yùt
fine (m) settimana	วันสุดสัปดาห์	wan sùt sàp-daa
tutto il giorno	ทั้งวัน	tháng wan
l'indomani	วันรุ่งขึ้น	wan rûng khêun
due giorni fa	สองวันก่อน	sŏrng wan gòrn
il giorno prima	วันก่อนหน้านี้	wan gòrn nâa née
quotidiano (agg)	รายวัน	raai wan
ogni giorno	ทุกวัน	thúk wan
settimana (f)	สัปดาห์	sàp-daa
la settimana scorsa	สัปดาห์ก่อน	sàp-daa gòrn
la settimana prossima	สัปดาห์หน้า	sàp-daa nâa
settimanale (agg)	รายสัปดาห์	raai sàp-daa
ogni settimana	ทุกสัปดาห์	thúk sàp-daa
due volte alla settimana	สัปดาห์ละสองครั้ง	sàp-daa lá sŏrng khráng
ogni martedì	ทุกวันอังคาร	túk wan ang-khaan

20. Ore. Giorno e notte

mattina (f)	เช้า	cháo
di mattina	ตอนเช้า	dtorn cháo
mezzogiorno (m)	เที่ยงวัน	thîang wan
nel pomeriggio	ตอนบ่าย	dtorn bàai
sera (f)	เย็น	yen
di sera	ตอนเย็น	dtorn yen

notte (f)	คืน	kheun
di notte	กลางคืน	glaang kheun
mezzanotte (f)	เที่ยงคืน	thîang kheun

secondo (m)	วินาที	wí-naa-thee
minuto (m)	นาที	naa-thee
ora (f)	ชั่วโมง	chûa mohng
mezzora (f)	ครึ่งชั่วโมง	khrêung chûa mohng
un quarto d'ora	สิบห้านาที	sìp hâa naa-thee
quindici minuti	สิบห้านาที	sìp hâa naa-thee
ventiquattro ore	24 ชั่วโมง	yêe sìp sèe · chûa mohng

levata (f) del sole	พระอาทิตย์ขึ้น	phrá aa-thít khêun
alba (f)	ใกล้รุ่ง	glâi rûng
mattutino (m)	เช้า	cháo
tramonto (m)	พระอาทิตย์ตก	phrá aa-thít dtòk

di buon mattino	ตอนเช้า	dtorn cháo
stamattina	เช้านี้	cháo née
domattina	พรุ่งนี้เช้า	phrûng-née cháo

oggi pomeriggio	บ่ายนี้	bàai née
nel pomeriggio	ตอนบ่าย	dtorn bàai
domani pomeriggio	พรุ่งนี้บ่าย	phrûng-née bàai

stasera	คืนนี้	kheun née
domani sera	คืนพรุ่งนี้	kheun phrûng-née

alle tre precise	3 โมงตรง	săam mohng dtrorng
verso le quattro	ประมาณ 4 โมง	bprà-maan sèe mohng
per le dodici	ภายใน 12 โมง	phaai nai sìp sŏng mohng

fra venti minuti	อีก 20 นาที	èek yêe sìp naa-thee
fra un'ora	อีกหนึ่งชั่วโมง	èek nèung chûa mohng
puntualmente	ทันเวลา	than way-laa

un quarto di ...	อีกสิบห้านาที	èek sìp hâa naa-thee
entro un'ora	ภายในหนึ่งชั่วโมง	phaai nai nèung chûa mohng
ogni quindici minuti	ทุก 15 นาที	thúk sìp hâa naa-thee
giorno e notte	ทั้งวัน	tháng wan

21. Mesi. Stagioni

gennaio (m)	มกราคม	mók-gà-raa khom
febbraio (m)	กุมภาพันธ์	gum-phaa phan
marzo (m)	มีนาคม	mee-naa khom
aprile (m)	เมษายน	may-săa-yon
maggio (m)	พฤษภาคม	phréut-sà-phaa khom
giugno (m)	มิถุนายน	mí-thù-naa-yon

luglio (m)	กรกฎาคม	gà-rá-gà-daa-khom
agosto (m)	สิงหาคม	sĭng hăa khom
settembre (m)	กันยายน	gan-yaa-yon
ottobre (m)	ตุลาคม	dtù-laa khom

novembre (m)	พฤศจิกายน	phréut-sà-jì-gaa-yon
dicembre (m)	ธันวาคม	than-waa khom
primavera (f)	ฤดูใบไม้ผลิ	réu-doo bai máai phlì
in primavera	ฤดูใบไม้ผลิ	réu-doo bai máai phlì
primaverile (agg)	ฤดูใบไม้ผลิ	réu-doo bai máai phlì
estate (f)	ฤดูร้อน	réu-doo rórn
in estate	ฤดูร้อน	réu-doo rórn
estivo (agg)	ฤดูร้อน	réu-doo rórn
autunno (m)	ฤดูใบไม้ร่วง	réu-doo bai máai rûang
in autunno	ฤดูใบไม้ร่วง	réu-doo bai máai rûang
autunnale (agg)	ฤดูใบไม้ร่วง	réu-doo bai máai rûang
inverno (m)	ฤดูหนาว	réu-doo năao
in inverno	ฤดูหนาว	réu-doo năao
invernale (agg)	ฤดูหนาว	réu-doo năao
mese (m)	เดือน	deuan
questo mese	เดือนนี้	deuan née
il mese prossimo	เดือนหน้า	deuan nâa
il mese scorso	เดือนที่แล้ว	deuan thêe láew
un mese fa	หนึ่งเดือนก่อนหน้านี้	nèung deuan gòrn nâa née
fra un mese	อีกหนึ่งเดือน	èek nèung deuan
fra due mesi	อีกสองเดือน	èek sŏrng deuan
un mese intero	ทั้งเดือน	tháng deuan
per tutto il mese	ตลอดทั้งเดือน	dtà-lòrt tháng deuan
mensile (rivista ~)	รายเดือน	raai deuan
mensilmente	ทุกเดือน	thúk deuan
ogni mese	ทุกเดือน	thúk deuan
due volte al mese	เดือนละสองครั้ง	deuan lá sŏrng kráng
anno (m)	ปี	bpee
quest'anno	ปีนี้	bpee née
l'anno prossimo	ปีหน้า	bpee nâa
l'anno scorso	ปีที่แล้ว	bpee thêe láew
un anno fa	หนึ่งปีก่อน	nèung bpee gòrn
fra un anno	อีกหนึ่งปี	èek nèung bpee
fra due anni	อีกสองปี	èek sŏng bpee
un anno intero	ทั้งปี	tháng bpee
per tutto l'anno	ตลอดทั้งปี	dtà-lòrt tháng bpee
ogni anno	ทุกปี	thúk bpee
annuale (agg)	รายปี	raai bpee
annualmente	ทุกปี	thúk bpee
quattro volte all'anno	ปีละสี่ครั้ง	bpee lá sèe khráng
data (f) (~ di oggi)	วันที่	wan thêe
data (f) (~ di nascita)	วันเดือนปี	wan deuan bpee
calendario (m)	ปฏิทิน	bpà-dtì-thin
mezz'anno (m)	ครึ่งปี	khrêung bpee
semestre (m)	หกเดือน	hòk deuan

| stagione (f) (estate, ecc.) | ฤดูกาล | réu-doo gaan |
| secolo (m) | ศตวรรษ | sà-dtà-wát |

22. Unità di misura

peso (m)	น้ำหนัก	nám nàk
lunghezza (f)	ความยาว	khwaam yaao
larghezza (f)	ความกว้าง	khwaam gwâang
altezza (f)	ความสูง	khwaam sŏong
profondità (f)	ความลึก	khwaam léuk
volume (m)	ปริมาณ	bpà-rí-maan
area (f)	บริเวณ	bor-rí-wayn

grammo (m)	กรัม	gram
milligrammo (m)	มิลลิกรัม	min-lí gram
chilogrammo (m)	กิโลกรัม	gì-loh gram
tonnellata (f)	ตัน	dtan
libbra (f)	ปอนด์	bporn
oncia (f)	ออนซ์	orn

metro (m)	เมตร	máyt
millimetro (m)	มิลลิเมตร	min-lí mâyt
centimetro (m)	เซ็นติเมตร	sen dtì mâyt
chilometro (m)	กิโลเมตร	gì-loh máyt
miglio (m)	ไมล์	mai

pollice (m)	นิ้ว	níw
piede (f)	ฟุต	fút
iarda (f)	หลา	lăa

| metro (m) quadro | ตารางเมตร | dtaa-raang máyt |
| ettaro (m) | เฮกตาร์ | hêek dtaa |

litro (m)	ลิตร	lít
grado (m)	องศา	ong-săa
volt (m)	โวลต์	wohn
ampere (m)	แอมแปร์	aem-bpae
cavallo vapore (m)	แรงม้า	raeng máa

quantità (f)	จำนวน	jam-nuan
un po' di ...	นิดนอย	nít nói
metà (f)	ครึ่ง	khrêung

| dozzina (f) | โหล | lŏh |
| pezzo (m) | สวน | sùan |

| dimensione (f) | ขนาด | khà-nàat |
| scala (f) (modello in ~) | มาตราส่วน | mâat-dtraa sùan |

minimo (agg)	น้อยที่สุด	nói thêe sùt
minore (agg)	เล็กที่สุด	lék thêe sùt
medio (agg)	กลาง	glaang
massimo (agg)	สูงสุด	sŏong sùt
maggiore (agg)	ใหญ่ที่สุด	yài têe sùt

23. Contenitori

barattolo (m) di vetro	ขวดโหล	khùat lŏh
latta, lattina (f)	กระป๋อง	grà-bpŏrng
secchio (m)	ถัง	thăng
barile (m), botte (f)	ถัง	thăng

catino (m)	กะทะ	gà-thá
serbatoio (m) (per liquidi)	ถังเก็บน้ำ	thăng gèp nám
fiaschetta (f)	กระติกน้ำ	grà-dtìk nám
tanica (f)	ภาชนะ	phaa-chá-ná
cisterna (f)	ถังบรรจุ	thăng ban-jù

tazza (f)	แก้ว	gâew
tazzina (f) (~ di caffé)	ถ้วย	thûay
piattino (m)	จานรอง	jaan rorng
bicchiere (m) (senza stelo)	แก้ว	gâew
calice (m)	แก้วไวน์	gâew wai
casseruola (f)	หม้อ	môr

bottiglia (f)	ขวด	khùat
collo (m) (~ della bottiglia)	ปาก	bpàak

caraffa (f)	คนโท	khon-thoh
brocca (f)	เหยือก	yèuak
recipiente (m)	ภาชนะ	phaa-chá-ná
vaso (m) di coccio	หม้อ	môr
vaso (m) di fiori	แจกัน	jae-gan

boccetta (f) (~ di profumo)	กระติก	grà-dtìk
fiala (f)	ขวดเล็ก	khùat lék
tubetto (m)	หลอด	lòrt

sacco (m) (~ di patate)	ถุง	thŭng
sacchetto (m) (~ di plastica)	ถุง	thŭng
pacchetto (m) (~ di sigarette, ecc.)	ซอง	sorng

scatola (f) (~ per scarpe)	กล่อง	glòrng
cassa (f) (~ di vino, ecc.)	ลัง	lang
cesta (f)	ตะกร้า	dtà-grâa

29

ESSERE UMANO

Essere umano. Il corpo umano

24. Testa

testa (f)	หัว	hǔa
viso (m)	หน้า	nâa
naso (m)	จมูก	jà-mòok
bocca (f)	ปาก	bpàak
occhio (m)	ตา	dtaa
occhi (m pl)	ตา	dtaa
pupilla (f)	รูม่านตา	roo mâan dtaa
sopracciglio (m)	คิ้ว	khíw
ciglio (m)	ขนตา	khǒn dtaa
palpebra (f)	เปลือกตา	bplèuak dtaa
lingua (f)	ลิ้น	lín
dente (m)	ฟัน	fan
labbra (f pl)	ริมฝีปาก	rim fěe bpàak
zigomi (m pl)	โหนกแก้ม	nòhk gâem
gengiva (f)	เหงือก	ngèuak
palato (m)	เพดานปาก	phay-daan bpàak
narici (f pl)	รูจมูก	roo jà-mòok
mento (m)	คาง	khaang
mascella (f)	ขากรรไกร	khǎa gan-grai
guancia (f)	แก้ม	gâem
fronte (f)	หน้าผาก	nâa phàak
tempia (f)	ขมับ	khà-màp
orecchio (m)	หู	hǒo
nuca (f)	หลังศีรษะ	lǎng sěe-sà
collo (m)	คอ	khor
gola (f)	ลำคอ	lam khor
capelli (m pl)	ผม	phǒm
pettinatura (f)	ทรงผม	song phǒm
taglio (m)	ทรงผม	song phǒm
parrucca (f)	ผมปลอม	phǒm bplorm
baffi (m pl)	หนวด	nùat
barba (f)	เครา	krao
portare (~ la barba, ecc.)	ลองไว้	lorng wái
treccia (f)	ผมเปีย	phǒm bpia
basette (f pl)	จอน	jorn
rosso (agg)	ผมแดง	phǒm daeng
brizzolato (agg)	ผมหงอก	phǒm ngòrk

calvo (agg)	หัวล้าน	hŭa láan
calvizie (f)	หัวลาน	hŭa láan
coda (f) di cavallo	ผมทรงหางม้า	phŏm song hăang máa
frangetta (f)	ผมม้า	phŏm máa

25. Corpo umano

mano (f)	มือ	meu
braccio (m)	แขน	khăen

dito (m)	นิ้ว	níw
dito (m) del piede	นิ้วเท้า	níw tháo
pollice (m)	นิ้วโป้ง	níw bpôhng
mignolo (m)	นิ้วก้อย	níw gôi
unghia (f)	เล็บ	lép

pugno (m)	กำปั้น	gam bpân
palmo (m)	ฝ่ามือ	fàa meu
polso (m)	ข้อมือ	khôr meu
avambraccio (m)	แขนช่วงล่าง	khăen chûang lâang
gomito (m)	ข้อศอก	khôr sòrk
spalla (f)	ไหล่	lài

gamba (f)	ขา	khăa
pianta (f) del piede	เท้า	tháo
ginocchio (m)	หัวเข่า	hŭa khào
polpaccio (m)	น่อง	nôrng
anca (f)	สะโพก	sà-phôhk
tallone (m)	ส้นเท้า	sôn tháo

corpo (m)	ร่างกาย	râang gaai
pancia (f)	ท้อง	thórng
petto (m)	อก	òk
seno (m)	หน้าอก	nâa òk
fianco (m)	ข้าง	khâang
schiena (f)	หลัง	lăng
zona (f) lombare	หลังส่วนล่าง	lăng sùan lâang
vita (f)	เอว	eo

ombelico (m)	สะดือ	sà-deu
natiche (f pl)	ก้น	gôn
sedere (m)	ก้น	gôn

neo (m)	ไฝเสน่ห์	făi sà-này
voglia (f) (~ di fragola)	ปาน	bpaan
tatuaggio (m)	รอยสัก	roi sàk
cicatrice (f)	แผลเป็น	phlăe bpen

Abbigliamento e Accessori

26. Indumenti. Soprabiti

vestiti (m pl)	เสื้อผ้า	sêua phâa
soprabito (m)	เสื้อนอก	sêua nôk
abiti (m pl) invernali	เสื้อกันหนาว	sêua gan nǎao
cappotto (m)	เสื้อโค้ท	sêua khóht
pelliccia (f)	เสื้อโค้ทขนสัตว์	sêua khóht khǒn sàt
pellicciotto (m)	แจคเก็ตขนสัตว์	jáek-gèt khǒn sàt
piumino (m)	แจ็คเก็ตกันหนาว	jàek-gèt gan nǎao
giubbotto (m), giaccha (f)	แจ็คเก็ต	jáek-gèt
impermeabile (m)	เสื้อกันฝน	sêua gan fǒn
impermeabile (agg)	ซึ่งกันน้ำได้	sêung gan náam dâai

27. Men's & women's clothing

camicia (f)	เสื้อ	sêua
pantaloni (m pl)	กางเกง	gaang-gayng
jeans (m pl)	กางเกงยีนส์	gaang-gayng yeen
giacca (f) (~ di tweed)	แจ็คเก็ตสูท	jàek-gèt sòot
abito (m) da uomo	ชุดสูท	chút sòot
abito (m)	ชุดเดรส	chút draet
gonna (f)	กระโปรง	grà bprohng
camicetta (f)	เสื้อ	sêua
giacca (f) a maglia	แจ็คเก็ตถัก	jáek-gèt thàk
giacca (f) tailleur	แจคเก็ต	jáek-gèt
maglietta (f)	เสื้อยืด	sêua yêut
pantaloni (m pl) corti	กางเกงขาสั้น	gaang-gayng khǎa sân
tuta (f) sportiva	ชุดวอร์ม	chút wom
accappatoio (m)	เสื้อคลุมอาบน้ำ	sêua khlum àap náam
pigiama (m)	ชุดนอน	chút norn
maglione (m)	เสื้อไหมพรม	sêua mǎi phrom
pullover (m)	เสื้อกันหนาวแบบสวม	sêua gan nǎao bàep sǔam
gilè (m)	เสื้อกั๊ก	sêua gák
frac (m)	เสื้อเทลโค้ต	sêua thayn-khóht
smoking (m)	ชุดทักซิโด	chút thák sí dôh
uniforme (f)	เครื่องแบบ	khrêuang bàep
tuta (f) da lavoro	ชุดทำงาน	chút tam ngaan
salopette (f)	ชุดเอี๊ยม	chút íam
camice (m) (~ del dottore)	เสื้อคลุม	sêua khlum

28. Abbigliamento. Biancheria intima

biancheria (f) intima	ชุดชั้นใน	chút chán nai
boxer (m pl)	กางเกงในชาย	gaang-gayng nai chaai
mutandina (f)	กางเกงในสตรี	gaang-gayng nai sàt-dtree
maglietta (f) intima	เสื้อชั้นใน	sêua chán nai
calzini (m pl)	ถุงเท้า	thŭng tháo
camicia (f) da notte	ชุดนอนสตรี	chút norn sàt-dtree
reggiseno (m)	ยกทรง	yók song
calzini (m pl) alti	ถุงเท้ายาว	thŭng tháo yaao
collant (m)	ถุงน่องเต็มตัว	thŭng nôrng dtem dtua
calze (f pl)	ถุงน่อง	thŭng nôrng
costume (m) da bagno	ชุดวายน้ำ	chút wâai náam

29. Copricapo

cappello (m)	หมวก	mùak
cappello (m) di feltro	หมวก	mùak
cappello (m) da baseball	หมวกเบสบอล	mùak bàyt-bon
coppola (f)	หมวกติงลี่	mùak dting lêe
basco (m)	หมวกเบเรต์	mùak bay-rây
cappuccio (m)	ฮูด	hóot
panama (m)	หมวกปานามา	mùak bpaa-naa-maa
berretto (m) a maglia	หมวกไหมพรม	mùak măi phrom
fazzoletto (m) da capo	ผ้าโพกศีรษะ	phâa phôhk sĕe-sà
cappellino (m) donna	หมวกสตรี	mùak sàt-dtree
casco (m) (~ di sicurezza)	หมวกนิรภัย	mùak ní-rá-phai
bustina (f)	หมวกหนีบ	mùak nèep
casco (m) (~ moto)	หมวกกันน็อค	mùak ní-rá-phai
bombetta (f)	หมวกกลมทรงสูง	mùak glom song sŏong
cilindro (m)	หมวกทรงสูง	mùak song sŏong

30. Calzature

calzature (f pl)	รองเท้า	rorng tháo
stivaletti (m pl)	รองเท้า	rorng tháo
scarpe (f pl)	รองเท้า	rorng tháo
stivali (m pl)	รองเท้าบูท	rorng tháo bòot
pantofole (f pl)	รองเทาแตะในบ้าน	rorng tháo dtàe nai bâan
scarpe (f pl) da tennis	รองเท้ากีฬา	rorng tháo gee-laa
scarpe (f pl) da ginnastica	รองเท้าผ้าใบ	rorng tháo phâa bai
sandali (m pl)	รองเทาแตะ	rorng tháo dtàe
calzolaio (m)	คนซ่อมรองเท้า	khon sôrm rorng tháo
tacco (m)	สนรองเทา	sôn rorng tháo

paio (m)	คู่	khôo
laccio (m)	เชือกรองเท้า	chêuak rorng tháo
allacciare (vt)	ผูกเชือกรองเท้า	phòok chêuak rorng tháo
calzascarpe (m)	ที่ชอนรองเฑา	thêe chón rorng tháo
lucido (m) per le scarpe	ยาขัดรองเทา	yaa khàt rorng tháo

31. Accessori personali

guanti (m pl)	ถุงมือ	thǔng meu
manopole (f pl)	ถุงมือ	thǔng meu
sciarpa (f)	ผ้าพันคอ	phâa phan khor

occhiali (m pl)	แว่นตา	wâen dtaa
montatura (f)	กรอบแว่น	gròrp wâen
ombrello (m)	รม	rôm
bastone (m)	ไม้เท้า	máai tháo
spazzola (f) per capelli	แปรงหวีผม	bpraeng wěe phǒm
ventaglio (m)	พัด	phát

cravatta (f)	เนคไท	nâyk-thai
cravatta (f) a farfalla	โบว์หูกระตาย	boh hǒo grà-dtàai
bretelle (f pl)	สายเอี๊ยม	sǎai íam
fazzoletto (m)	ผ้าเช็ดหนา	phâa chét-nâa

pettine (m)	หวี	wěe
fermaglio (m)	ที่หนีบผม	têe nèep phǒm
forcina (f)	กิ๊บ	gíp
fibbia (f)	หัวเข็มขัด	hǔa khěm khàt

cintura (f)	เข็มขัด	khěm khàt
spallina (f)	สายกระเป๋า	sǎai grà-bpǎo

borsa (f)	กระเป๋า	grà-bpǎo
borsetta (f)	กระเป๋าถือ	grà-bpǎo thěu
zaino (m)	กระเป๋าสะพายหลัง	grà-bpǎo sà-phaai lǎng

32. Abbigliamento. Varie

moda (f)	แฟชั่น	fae-chân
di moda	คานิยม	khâa ní-yom
stilista (m)	นักออกแบบแฟชั่น	nák òrk bàep fae-chân

collo (m)	คอปกเสื้อ	khor bpòk sêua
tasca (f)	กระเป๋า	grà-bpǎo
tascabile (agg)	กระเป๋า	grà-bpǎo
manica (f)	แขนเสื้อ	khǎen sêua
asola (f) per appendere	ที่แขวนเสื้อ	thêe khwǎen sêua
patta (f) (~ dei pantaloni)	ซิปกางเกง	síp gaang-gayng

cerniera (f) lampo	ซิป	síp
chiusura (f)	ซิป	síp
bottone (m)	กระดุม	grà dum

occhiello (m)	รูกระดุม	roo grà dum
staccarsi (un bottone)	หลุดออก	lùt òrk

cucire (vi, vt)	เย็บ	yép
ricamare (vi, vt)	ปัก	bpàk
ricamo (m)	ลายปัก	laai bpàk
ago (m)	เข็มเย็บผ้า	khěm yép phâa
filo (m)	เสนด้าย	sây-dâai
cucitura (f)	รอยเย็บ	roi yép

sporcarsi (vr)	สกปรก	sòk-gà-bpròk
macchia (f)	รอยเปื้อน	roi bpêuan
sgualcirsi (vr)	พับเป็นรอยยน	pháp bpen roi yôn
strappare (vt)	ฉีก	chèek
tarma (f)	แมลงกินผ้า	má-laeng gin phâa

33. Cura della persona. Cosmetici

dentifricio (m)	ยาสีฟัน	yaa sěe fan
spazzolino (m) da denti	แปรงสีฟัน	bpraeng sěe fan
lavarsi i denti	แปรงฟัน	bpraeng fan

rasoio (m)	มีดโกน	mêet gohn
crema (f) da barba	ครีมโกนหนวด	khreem gohn nùat
rasarsi (vr)	โกน	gohn

sapone (m)	สบู่	sà-bòo
shampoo (m)	แชมพู	chaem-phoo

forbici (f pl)	กรรไกร	gan-grai
limetta (f)	ตะไบเล็บ	dtà-bai lép
tagliaunghie (m)	กรรไกรตัดเล็บ	gan-grai dtàt lép
pinzette (f pl)	แหนบ	nàep

cosmetica (f)	เครื่องสำอาง	khrêuang sǎm-aang
maschera (f) di bellezza	มาสก์หน้า	mâak nâa
manicure (m)	การแต่งเล็บ	gaan dtàeng lép
fare la manicure	แต่งเล็บ	dtàeng lép
pedicure (m)	การแต่งเล็บเท้า	gaan dtàeng lép táo

borsa (f) del trucco	กระเป๋าเครื่องสำอาง	grà-bpǎo khrêuang sǎm-aang
cipria (f)	แป้งฝุ่น	bpâeng-fùn
portacipria (m)	ตลับแป้ง	dtà-làp bpâeng
fard (m)	แป้งทาแก้ม	bpâeng thaa gâem

profumo (m)	น้ำหอม	nám hǒrm
acqua (f) da toeletta	น้ำหอมออนๆ	náam hǒrm òn òn
lozione (f)	โลชัน	loh-chân
acqua (f) di Colonia	โคโลญจ์	khoh-lohn

ombretto (m)	อายแชโดว์	aai-chae-doh
eyeliner (m)	อายไลเนอร์	aai lai-ner
mascara (m)	มาสคารา	mâat-khaa-râa
rossetto (m)	ลิปสติก	líp-sà-dtìk

smalto (m)	น้ำยาทาเล็บ	nám yaa-thaa lép
lacca (f) per capelli	สเปรย์ฉีดผม	sà-bpray chèet phŏm
deodorante (m)	ยาดับกลิ่น	yaa dàp glìn

crema (f)	ครีม	khreem
crema (f) per il viso	ครีมทาหน้า	khreem thaa nâa
crema (f) per le mani	ครีมทามือ	khreem thaa meu
crema (f) antirughe	ครีมลดริ้วรอย	khreem lót ríw roi
crema (f) da giorno	ครีมกลางวัน	khreem klaang wan
crema (f) da notte	ครีมกลางคืน	khreem klaang kheun
da giorno	กลางวัน	glaang wan
da notte	กลางคืน	glaang kheun

tampone (m)	ผ้าอนามัยแบบสอด	phâa a-naa-mai bàep sòrt
carta (f) igienica	กระดาษชำระ	grà-dàat cham-rá
fon (m)	เครื่องเป่าผม	khrêuang bpào phŏm

34. Orologi da polso. Orologio

orologio (m) (~ da polso)	นาฬิกา	naa-lí-gaa
quadrante (m)	หน้าปัด	nâa bpàt
lancetta (f)	เข็ม	khĕm
braccialetto (m)	สายนาฬิกาข้อมือ	săai naa-lí-gaa khôr meu
cinturino (m)	สายรัดข้อมือ	săai rát khôr meu

pila (f)	แบตเตอรี่	bàet-dter-rêe
essere scarico	หมด	mòt
cambiare la pila	เปลี่ยนแบตเตอรี่	bplìan bàet-dter-rêe
andare avanti	เดินเร็วเกินไป	dern reo gern bpai
andare indietro	เดินช้า	dern cháa

orologio (m) da muro	นาฬิกาแขวนผนัง	naa-lí-gaa khwăen phà-năng
clessidra (f)	นาฬิกาทราย	naa-lí-gaa saai
orologio (m) solare	นาฬิกาแดด	naa-lí-gaa dàet
sveglia (f)	นาฬิกาปลุก	naa-lí-gaa bplùk
orologiaio (m)	ช่างซ่อมนาฬิกา	châang sôrm naa-lí-gaa
riparare (vt)	ซ่อม	sôrm

Cibo. Alimentazione

35. Cibo

carne (f)	เนื้อ	néua
pollo (m)	ไก่	gài
pollo (m) novello	เนื้อลูกไก่	néua lôok gài
anatra (f)	เป็ด	bpèt
oca (f)	ห่าน	hàan
cacciagione (f)	สัตว์ที่ล่า	sàt thêe lâa
tacchino (m)	ไก่งวง	gài nguang
maiale (m)	เนื้อหมู	néua mŏo
vitello (m)	เนื้อลูกวัว	néua lôok wua
agnello (m)	เนื้อแกะ	néua gàe
manzo (m)	เนื้อวัว	néua wua
coniglio (m)	เนื้อกระต่าย	néua grà-dtàai
salame (m)	ไส้กรอก	sâi gròrk
w?rstel (m)	ไส้กรอกเวียนนา	sâi gròrk wian-naa
pancetta (f)	หมูเบคอน	mŏo bay-khorn
prosciutto (m)	แฮม	haem
prosciutto (m) affumicato	แฮมแกมมอน	haem gaem-morn
pâté (m)	ปาเต	bpaa dtay
fegato (m)	ตับ	dtàp
carne (f) trita	เนื้อสับ	néua sàp
lingua (f)	ลิ้น	lín
uovo (m)	ไข่	khài
uova (f pl)	ไข่	khài
albume (m)	ไข่ขาว	khài khăao
tuorlo (m)	ไขแดง	khài daeng
pesce (m)	ปลา	bplaa
frutti (m pl) di mare	อาหารทะเล	aa hăan thá-lay
crostacei (m pl)	สัตว์พวกกุ้งกั้งปู	sàt phûak gûng gâng bpoo
caviale (m)	ไข่ปลา	khài-bplaa
granchio (m)	ปู	bpoo
gamberetto (m)	กุ้ง	gûng
ostrica (f)	หอยนางรม	hŏi naang rom
aragosta (f)	กุ้งมังกร	gûng mang-gon
polpo (m)	ปลาหมึก	bplaa mèuk
calamaro (m)	ปลาหมึกกล้วย	bplaa mèuk-glûay
storione (m)	ปลาสเตอร์เจียน	bpláa sà-dtêr jian
salmone (m)	ปลาแซลมอน	bplaa saen-morn
ippoglosso (m)	ปลาตาเดียว	bplaa dtaa-dieow
merluzzo (m)	ปลาค็อด	bplaa khót

scombro (m)	ปลาแม็คเคอเร็ล	bplaa máek-kay-a-rěn
tonno (m)	ปลาทูน่า	bplaa thoo-nâa
anguilla (f)	ปลาไหล	bplaa lǎi

trota (f)	ปลาเทราท์	bplaa thrau
sardina (f)	ปลาซาร์ดีน	bplaa saa-deen
luccio (m)	ปลาไพค์	bplaa phai
aringa (f)	ปลาเฮอร์ริง	bplaa her-ring

pane (m)	ขนมปัง	khà-nǒm bpang
formaggio (m)	เนยแข็ง	noie khǎeng
zucchero (m)	น้ำตาล	nám dtaan
sale (m)	เกลือ	gleua

riso (m)	ข้าว	khâao
pasta (f)	พาสต้า	phâat-dtâa
tagliatelle (f pl)	กวยเตี๋ยว	gǔay-dtǐeow

burro (m)	เนย	noie
olio (m) vegetale	น้ำมันพืช	nám man phêut
olio (m) di girasole	น้ำมันดอกทานตะวัน	nám man dòrk thaan dtà-wan
margarina (f)	เนยเทียม	noie thiam

| olive (f pl) | มะกอก | má-gòrk |
| olio (m) d'oliva | น้ำมันมะกอก | nám man má-gòrk |

latte (m)	นม	nom
latte (m) condensato	นมข้น	nom khôn
yogurt (m)	โยเกิร์ต	yoh-gèrt
panna (f) acida	ชาวรครีม	saao khreem
panna (f)	ครีม	khreem

maionese (m)	มาย็องเนส	maa-yorng-nâyt
crema (f)	สวนผสมของเนย	sùan phà-sǒm khǒrng
	และน้ำตาล	noie láe nám dtaan

cereali (m pl)	เมล็ดธัญพืช	má-lét than-yá-phêut
farina (f)	แป้ง	bpâeng
cibi (m pl) in scatola	อาหารกระป๋อง	aa-hǎan grà-bpǒrng

fiocchi (m pl) di mais	คอร์นเฟลค	khorn-flâyk
miele (m)	น้ำผึ้ง	nám phêung
marmellata (f)	แยม	yaem
gomma (f) da masticare	หมากฝรั่ง	màak fà-ràng

36. Bevande

acqua (f)	น้ำ	nám
acqua (f) potabile	น้ำดื่ม	nám dèum
acqua (f) minerale	น้ำแร่	nám râe

liscia (non gassata)	ไม่มีฟอง	mâi mee forng
gassata (agg)	น้ำอัดลม	nám àt lom
frizzante (agg)	มีฟอง	mee forng

| ghiaccio (m) | น้ำแข็ง | nám kǎeng |
| con ghiaccio | ใส่น้ำแข็ง | sài nám kǎeng |

analcolico (agg)	ไม่มีแอลกอฮอล์	mâi mee aen-gor-hor
bevanda (f) analcolica	เครื่องดื่มที่ไม่มี	krêuang dèum têe mâi mee
	แอลกอฮอล	aen-gor-hor
bibita (f)	เครื่องดื่มให้	khrêuang dèum hâi
	ความสดชื่น	khwaam sòt chêun
limonata (f)	น้ำเลมอนเนด	nám lay-morn-nâyt

bevande (f pl) alcoliche	เหล้า	lǎu
vino (m)	ไวน์	wai
vino (m) bianco	ไวน์ขาว	wai kǎao
vino (m) rosso	ไวน์แดง	wai daeng

liquore (m)	สุรา	sù-raa
champagne (m)	แชมเปญ	chaem-bpayn
vermouth (m)	เหล้าองุ่นขาวซึ่งมี	lâo a-ngùn kǎao sêung mee
	กลิ่นหอม	glìn hǒrm

whisky	เหล้าวิสกี้	lǎu wít-sa -gêe
vodka (f)	เหล้าวอดก้า	lǎu wórt-gâa
gin (m)	เหล้ายิน	lǎu yin
cognac (m)	เหล้าคอนยัก	lǎu khorn yák
rum (m)	เหลารัม	lǎu ram

caffè (m)	กาแฟ	gaa-fae
caffè (m) nero	กาแฟดำ	gaa-fae dam
caffè latte (m)	กาแฟใส่นม	gaa-fae sài nom
cappuccino (m)	กาแฟคาปูชิโน	gaa-fae khaa bpoo chí noh
caffè (m) solubile	กาแฟสำเร็จรูป	gaa-fae sǎm-rèt rôop

latte (m)	นม	nom
cocktail (m)	ค็อกเทล	khók-tayn
frullato (m)	มิลค์เชค	min-châyk

succo (m)	น้ำผลไม้	nám phǒn-lá-máai
succo (m) di pomodoro	น้ำมะเขือเทศ	nám má-khěua thâyt
succo (m) d'arancia	น้ำส้ม	nám sôm
spremuta (f)	น้ำผลไม้คั้นสด	nám phǒn-lá-máai khán sòt

birra (f)	เบียร์	bia
birra (f) chiara	เบียร์ไลท์	bia lai
birra (f) scura	เบียร์ดาร์ค	bia dàak

tè (m)	ชา	chaa
tè (m) nero	ชาดำ	chaa dam
tè (m) verde	ชาเขียว	chaa khǐeow

37. Verdure

ortaggi (m pl)	ผัก	phàk
verdura (f)	ผักใบเขียว	phàk bai khǐeow
pomodoro (m)	มะเขือเทศ	má-khěua thâyt

cetriolo (m)	แตงกวา	dtaeng-gwaa
carota (f)	แครอท	khae-rót
patata (f)	มันฝรั่ง	man fà-ràng
cipolla (f)	หัวหอม	hŭa hŏrm
aglio (m)	กระเทียม	grà-thiam
cavolo (m)	กะหล่ำปลี	gà-làm bplee
cavolfiore (m)	ดอกกะหล่ำ	dòrk gà-làm
cavoletti (m pl) di Bruxelles	กะหล่ำดาว	gà-làm-daao
broccolo (m)	บร็อคโคลี่	bròrk-khoh-lêe
barbabietola (f)	บีทรูท	bee-trôot
melanzana (f)	มะเขือยาว	má-khĕua-yaao
zucchina (f)	แตงซูคินี	dtaeng soo-khí-nee
zucca (f)	ฟักทอง	fák-thorng
rapa (f)	หัวผักกาด	hŭa-phàk-gàat
prezzemolo (m)	ผักชีฝรั่ง	phàk chee fà-ràng
aneto (m)	ผักชีลาว	phàk-chee-laao
lattuga (f)	ผักกาดหอม	phàk gàat hŏrm
sedano (m)	คื่นช่าย	khêun-châai
asparago (m)	หน่อไม้ฝรั่ง	nòr máai fà-ràng
spinaci (m pl)	ผักขม	phàk khŏm
pisello (m)	ถั่วลันเตา	thùa-lan-dtao
fave (f pl)	ถั่ว	thùa
mais (m)	ข้าวโพด	khâao-phôht
fagiolo (m)	ถั่วรูปไต	thùa rôop dtai
peperone (m)	พริกหยวก	phrík-yùak
ravanello (m)	หัวไชเท้า	hŭa chai tháo
carciofo (m)	อาร์ติโชค	aa dtì chôhk

38. Frutta. Noci

frutto (m)	ผลไม้	phŏn-lá-máai
mela (f)	แอปเปิ้ล	àep-bpêrn
pera (f)	แพร	phae
limone (m)	มะนาว	má-naao
arancia (f)	ส้ม	sôm
fragola (f)	สตรอว์เบอร์รี่	sà-dtror-ber-rêe
mandarino (m)	ส้มแมนดาริน	sôm maen daa rin
prugna (f)	พลัม	phlam
pesca (f)	ลูกทอ	lôok thór
albicocca (f)	แอปริคอท	ae-bprì-khôrt
lampone (m)	ราสเบอร์รี่	râat-ber-rêe
ananas (m)	สับปะรด	sàp-bpà-rót
banana (f)	กล้วย	glûay
anguria (f)	แตงโม	dtaeng moh
uva (f)	องุ่น	a-ngùn
amarena (f)	เชอร์รี่	cher-rêe
ciliegia (f)	เชอร์รี่ป่า	cher-rêe bpàa

melone (m)	เมลอน	may-lorn
pompelmo (m)	สมโอ	sôm oh
avocado (m)	อะโวคาโด	a-who-khaa-doh
papaia (f)	มะละกอ	má-lá-gor
mango (m)	มะม่วง	má-mûang
melagrana (f)	ทับทิม	tháp-thim

ribes (m) rosso	เรดเคอร์แรนท์	râyt-khêr-raen
ribes (m) nero	แบล็คเคอร์แรนท์	blàek khêr-raen
uva (f) spina	กูสเบอร์รี่	gòot-ber-rêe
mirtillo (m)	บิลเบอร์รี่	bil-ber-rêe
mora (f)	แบล็คเบอร์รี่	blàek ber-rêe

uvetta (f)	ลูกเกด	lôok gàyt
fico (m)	มะเดื่อฝรั่ง	má dèua fà-ràng
dattero (m)	ลูกอินทผลัม	lôok in-thá-plǎm

arachide (f)	ถั่วลิสง	thùa-lí-sǒng
mandorla (f)	อัลมอนด์	an-morn
noce (f)	วอลนัต	wor-lá-nát
nocciola (f)	เฮเซลูนัท	hay sayn nát
noce (f) di cocco	มะพร้าว	má-phráao
pistacchi (m pl)	ถั่วพิสตาชิโอ	thùa phít dtaa chí oh

39. Pane. Dolci

pasticceria (f)	ขนม	khà-nǒm
pane (m)	ขนมปัง	khà-nǒm bpang
biscotti (m pl)	คุกกี้	khúk-gêe

cioccolato (m)	ช็อกโกแลต	chók-goh-láet
al cioccolato (agg)	ช็อกโกแลต	chók-goh-láet
caramella (f)	ลูกกวาด	lôok gwàat
tortlna (f)	ขนมเค้ก	khà-nǒm kháyk
torta (f)	ขนมเค้ก	khà-nǒm kháyk

| crostata (f) | ขนมพาย | khà-nǒm phaai |
| ripieno (m) | ไส้ในขนม | sâi nai khà-nǒm |

marmellata (f)	แยม	yaem
marmellata (f) di agrumi	แยมผิวส้ม	yaem phǐw sôm
wafer (m)	วาฟเฟิล	waaf-fern
gelato (m)	ไอศกรีม	ai-sà-greem
budino (m)	พุดดิ้ง	phút-dîng

40. Pietanze cucinate

piatto (m) (~ principale)	มื้ออาหาร	méu aa-hǎan
cucina (f)	อาหาร	aa-hǎan
ricetta (f)	ตำราอาหาร	dtam-raa aa-hǎan
porzione (f)	ส่วน	sùan
insalata (f)	สลัด	sà-làt

41

minestra (f)	ซุป	súp
brodo (m)	ซุปน้ำใส	súp nám-săi
panino (m)	แซนด์วิช	saen-wít
uova (f pl) al tegamino	ไข่ทอด	khài thôrt

| hamburger (m) | แฮมเบอร์เกอร์ | haem-ber-gêr |
| bistecca (f) | สเต็กเนื้อ | sà-dtèk néua |

contorno (m)	เครื่องเคียง	khrêuang khiang
spaghetti (m pl)	สปาเก็ตตี้	sà-bpaa-gèt-dtêe
purè (m) di patate	มันฝรั่งบด	man fà-ràng bòt
pizza (f)	พิซซ่า	phít-sâa
porridge (m)	ข้าวต้ม	khâao-dtôm
frittata (f)	ไข่เจียว	khài jieow

bollito (agg)	ต้ม	dtôm
affumicato (agg)	รมควัน	rom khwan
fritto (agg)	ทอด	thôrt
secco (agg)	ตากแห้ง	dtàak hâeng
congelato (agg)	แช่แข็ง	châe khǎeng
sottoaceto (agg)	ดอง	dorng

dolce (gusto)	หวาน	wǎan
salato (agg)	เค็ม	khem
freddo (agg)	เย็น	yen
caldo (agg)	ร้อน	rórn
amaro (agg)	ขม	khǒm
buono, gustoso (agg)	อร่อย	à-ròi

cuocere, preparare (vt)	ต้ม	dtôm
cucinare (vi)	ทำอาหาร	tham aa-hǎan
friggere (vt)	ทอด	thôrt
riscaldare (vt)	อุ่น	ùn

salare (vt)	ใส่เกลือ	sài gleua
pepare (vt)	ใส่พริกไทย	sài phrík thai
grattugiare (vt)	ขูด	khòot
buccia (f)	เปลือก	bplèuak
sbucciare (vt)	ปอกเปลือก	bpòrk bplêuak

41. Spezie

sale (m)	เกลือ	gleua
salato (agg)	เค็ม	khem
salare (vt)	ใส่เกลือ	sài gleua

pepe (m) nero	พริกไทย	phrík thai
peperoncino (m)	พริกแดง	phrík daeng
senape (f)	มัสตาร์ด	mát-dtàat
cren (m)	ฮอสแรดิช	hórt rae dìt

condimento (m)	เครื่องปรุงรส	khrêuang bprung rót
spezie (f pl)	เครื่องเทศ	khrêuang thâyt
salsa (f)	ซอส	sós

aceto (m)	น้ำส้มสายชู	nám sôm săai choo
anice (m)	เทียนสัตตบุษย์	thian-sàt-dtà-bùt
basilico (m)	ใบโหระพา	bai hŏh rá phaa
chiodi (m pl) di garofano	กานพลู	gaan-phloo
zenzero (m)	ขิง	khĭng
coriandolo (m)	ผักชีลา	pàk-chee-laa
cannella (f)	อบเชย	òp-choie

sesamo (m)	งา	ngaa
alloro (m)	ใบกระวาน	bai grà-waan
paprica (f)	พริกป่น	phrík bpòn
cumino (m)	เทียนตากบ	thian dtaa gòp
zafferano (m)	หญ้าฝรั่น	yâa fà-ràn

42. Pasti

cibo (m)	อาหาร	aa-hăan
mangiare (vi, vt)	กิน	gin

colazione (f)	อาหารเช้า	aa-hăan cháo
fare colazione	ทานอาหารเช้า	thaan aa-hăan cháo
pranzo (m)	ขาวเที่ยง	khâao thîang
pranzare (vi)	ทานอาหารเที่ยง	thaan aa-hăan thîang
cena (f)	อาหารเย็น	aa-hăan yen
cenare (vi)	ทานอาหารเย็น	thaan aa-hăan yen

appetito (m)	ความอยากอาหาร	kwaam yàak aa hăan
Buon appetito!	กินให้อรอย!	gin hâi a-ròi

aprire (vt)	เปิด	bpèrt
rovesciare (~ il vino, ecc.)	ทำหก	tham hòk
rovesciarsi (vr)	ทำหกออกมา	tham hòk òrk maa
bollire (vi)	ต้ม	dtôm
far bollire	ต้ม	dtôm
bollito (agg)	ตม	dtôm
raffreddare (vt)	แชเย็น	châe yen
raffreddarsi (vr)	แชเย็น	châe yen

gusto (m)	รสชาติ	rót châat
retrogusto (m)	รส	rót

essere a dieta	ลดน้ำหนัก	lót nám nàk
dieta (f)	อาหารพิเศษ	aa-hăan phí-sàyt
vitamina (f)	วิตามิน	wí-dtaa-min
caloria (f)	แคลอรี่	khae-lor-rêe
vegetariano (m)	คนกินเจ	khon gin jay
vegetariano (agg)	มังสวิรัติ	mang-sà-wí-rát

grassi (m pl)	ไขมัน	khăi man
proteine (f pl)	โปรตีน	bproh-dteen
carboidrati (m pl)	คาร์โบไฮเดรต	kaa-boh-hai-dràyt
fetta (f), fettina (f)	แผน	phàen
pezzo (m) (~ di torta)	ชิ้น	chín
briciola (f) (~ di pane)	เศษ	sàyt

43. Preparazione della tavola

cucchiaio (m)	ช้อน	chórn
coltello (m)	มีด	mêet
forchetta (f)	สอม	sôrm
tazza (f)	แก้ว	gâew
piatto (m)	จาน	jaan
piattino (m)	จานรอง	jaan rorng
tovagliolo (m)	ผ้าเช็ดปาก	phâa chét bpàak
stuzzicadenti (m)	ไม้จิ้มฟัน	máai jîm fan

44. Ristorante

ristorante (m)	ร้านอาหาร	ráan aa-hăan
caffè (m)	ร้านกาแฟ	ráan gaa-fae
pub (m), bar (m)	ร้านเหล้า	ráan lâo
sala (f) da tè	ร้านน้ำชา	ráan nám chaa
cameriere (m)	คนเสิร์ฟชาย	khon sèrf chaai
cameriera (f)	คนเสิร์ฟหญิง	khon sèrf yĭng
barista (m)	บาร์เทนเดอร์	baa-thayn-dêr
menù (m)	เมนู	may-noo
lista (f) dei vini	รายการไวน์	raai gaan wai
prenotare un tavolo	จองโต๊ะ	jorng dtó
piatto (m)	มื้ออาหาร	méu aa-hăan
ordinare (~ il pranzo)	สั่ง	sàng
fare un'ordinazione	สั่งอาหาร	sàng aa-hăan
aperitivo (m)	เครื่องดื่มเหล้า กอนอาหาร	khrêuang dèum lâo gòrn aa-hăan
antipasto (m)	ของกินเล่น	khŏrng gin lâyn
dolce (m)	ของหวาน	khŏrng wăan
conto (m)	คิดเงิน	khít ngern
pagare il conto	จ่ายค่าอาหาร	jàai khâa aa hăan
dare il resto	ให้เงินทอน	hâi ngern thorn
mancia (f)	เงินทิป	ngern thíp

Famiglia, parenti e amici

45. Informazioni personali. Moduli

nome (m)	ชื่อ	chêu
cognome (m)	นามสกุล	naam sà-gun
data (f) di nascita	วันเกิด	wan gèrt
luogo (m) di nascita	สถานที่เกิด	sà-thăan thêe gèrt
nazionalità (f)	สัญชาติ	săn-châat
domicilio (m)	ที่อยู่อาศัย	thêe yòo aa-săi
paese (m)	ประเทศ	bprà-thâyt
professione (f)	อาชีพ	aa-chêep
sesso (m)	เพศ	phâyt
statura (f)	ความสูง	khwaam sŏong
peso (m)	น้ำหนัก	nám nàk

46. Membri della famiglia. Parenti

madre (f)	มารดา	maan-daa
padre (m)	บิดา	bì-daa
figlio (m)	ลูกชาย	lôok chaai
figlia (f)	ลูกสาว	lôok săao
figlia (f) minore	ลูกสาวคนเล็ก	lôok săao khon lék
figlio (m) minore	ลูกชายคนเล็ก	lôok chaai khon lék
figlia (f) maggiore	ลูกสาวคนโต	lôok săao khon dtoh
figlio (m) maggiore	ลูกชายคนโต	lôok chaai khon dtoh
fratello (m) maggiore	พี่ชาย	phêe chaai
fratello (m) minore	น้องชาย	nórng chaai
sorella (f) maggiore	พี่สาว	phêe săao
sorella (f) minore	น้องสาว	nórng săao
cugino (m)	ลูกพี่ลูกน้อง	lôok phêe lôok nórng
cugina (f)	ลูกพี่ลูกน้อง	lôok phêe lôok nórng
mamma (f)	แม่	mâe
papà (m)	พ่อ	phôr
genitori (m pl)	พ่อแม่	phôr mâe
bambino (m)	เด็ก, ลูก	dèk, lôok
bambini (m pl)	เด็กๆ	dèk dèk
nonna (f)	ย่า, ยาย	yâa, yaai
nonno (m)	ปู่, ตา	bpòo, dtaa
nipote (m) (figlio di un figlio)	หลานชาย	lăan chaai
nipote (f)	หลานสาว	lăan săao

nipoti (pl)	หลานๆ	lǎan
zio (m)	ลุง	lung
zia (f)	ป้า	bpâa
nipote (m) (figlio di un fratello)	หลานชาย	lǎan chaai
nipote (f)	หลานสาว	lǎan sǎao

suocera (f)	แม่ยาย	mâe yaai
suocero (m)	พ่อสามี	phôr sǎa-mee
genero (m)	ลูกเขย	lôok khǒie
matrigna (f)	แม่เลี้ยง	mâe líang
patrigno (m)	พ่อเลี้ยง	phôr líang

neonato (m)	ทารก	thaa-rók
infante (m)	เด็กเล็ก	dèk lék
bimbo (m), ragazzino (m)	เด็ก	dèk

moglie (f)	ภรรยา	phan-rá-yaa
marito (m)	สามี	sǎa-mee
coniuge (m)	สามี	sǎa-mee
coniuge (f)	ภรรยา	phan-rá-yaa

sposato (agg)	แต่งงานแล้ว	dtàeng ngaan láew
sposata (agg)	แต่งงานแลว	dtàeng ngaan láew
celibe (agg)	เป็นโสด	bpen sòht
scapolo (m)	ชายโสด	chaai sòht
divorziato (agg)	หย่าแล้ว	yàa láew
vedova (f)	แม่หม้าย	mâe mâai
vedovo (m)	พ่อหม้าย	phôr mâai

parente (m)	ญาติ	yâat
parente (m) stretto	ญาติใกล้ชิด	yâat glâi chít
parente (m) lontano	ญาติหางๆ	yâat hàang hàang
parenti (m pl)	ญาติๆ	yâat

orfano (m)	เด็กชายกำพร้า	dèk chaai gam phráa
orfana (f)	เด็กหญิงกำพรา	dèk yǐng gam phráa
tutore (m)	ผู้ปกครอง	phôo bpòk khrorng
adottare (~ un bambino)	บุญธรรม	bun tham
adottare (~ una bambina)	บุญธรรม	bun tham

Medicinali

47. Malattie

malattia (f)	โรค	rôhk
essere malato	ป่วย	bpùay
salute (f)	สุขภาพ	sùk-khà-phâap
raffreddore (m)	น้ำมูกไหล	nám môok lăi
tonsillite (f)	ตอมทอนซิลอักเสบ	dtòm thorn-sin àk-sàyp
raffreddore (m)	หวัด	wàt
raffreddarsi (vr)	เป็นหวัด	bpen wàt
bronchite (f)	โรคหลอดลมอักเสบ	rôhk lòrt lom àk-sàyp
polmonite (f)	โรคปอดบวม	rôhk bpòrt-buam
influenza (f)	ไขหวัดใหญ่	khâi wàt yài
miope (agg)	สายตาสั้น	săai dtaa sân
presbite (agg)	สายตายาว	săai dtaa yaao
strabismo (m)	ตาเหล	dtaa làay
strabico (agg)	เป็นตาเหล่	bpen dtaa kăy rĕu làay
cateratta (f)	ตูอกระจก	dtôr grà-jòk
glaucoma (m)	ตอหิน	dtôr hĭn
ictus (m) cerebrale	โรคหลอดเลือดสมอง	rôhk lòrt lêuat sà-mŏrng
attacco (m) di cuore	อาการหัวใจวาย	aa-gaan hŭa jai waai
infarto (m) miocardico	กลามเนื้อหัวใจตาย	glâam néua hŭa jai dtaai
	เหตุขาดเลือด	hàyt khàat lêuat
paralisi (f)	อัมพาต	am-má-phâat
paralizzare (vt)	ทำให้เป็นอัมพาต	tham hâi bpen am-má-phâat
allergia (f)	ภูมิแพ้	phoom pháe
asma (f)	โรคหืด	rôhk hèut
diabete (m)	โรคเบาหวาน	rôhk bao wăan
mal (m) di denti	อาการปวดฟัน	aa-gaan bpùat fan
carie (f)	ฟันผุ	fan phù
diarrea (f)	อาการทองเสีย	aa-gaan thórng sĭa
stitichezza (f)	อาการทองผูก	aa-gaan thórng phòok
disturbo (m) gastrico	อาการปวดทอง	aa-gaan bpùat thórng
intossicazione (f) alimentare	ภาวะอาหารเป็นพิษ	phaa-wá aa hăan bpen pít
intossicarsi (vr)	กินอาหารเป็นพิษ	gin aa hăan bpen phít
artrite (f)	โรคข้ออักเสบ	rôhk khôr àk-sàyp
rachitide (f)	โรคกระดูกออน	rôhk grà-dòok òrn
reumatismo (m)	โรครูมาติก	rôhk roo-maa-dtìk
aterosclerosi (f)	ภาวะหลอดเลือดแข็ง	phaa-wá lòrt lêuat khăeng
gastrite (f)	โรคกระเพาะอาหาร	rôhk grà-phór aa-hăan
appendicite (f)	ไสติ่งอักเสบ	sâi dtìng àk-sàyp

| colecistite (f) | โรคถุงน้ำดีอักเสบ | rôhk thǔng nám dee àk-sàyp |
| ulcera (f) | แผลเปื่อย | phlǎe bpèuay |

morbillo (m)	โรคหัด	rôhk hàt
rosolia (f)	โรคหัดเยอรมัน	rôhk hàt yer-rá-man
itterizia (f)	โรคดีซ่าน	rôhk dee sâan
epatite (f)	โรคตับอักเสบ	rôhk dtàp àk-sàyp

schizofrenia (f)	โรคจิตเภท	rôhk jìt-dtà-phâyt
rabbia (f)	โรคพิษสุนัขบ้า	rôhk phít sù-nák bâa
nevrosi (f)	โรคประสาท	rôhk bprà-sàat
commozione (f) cerebrale	สมองกระทบ กระเทือน	sà-mǒrng grà-thóp grà-theuan

cancro (m)	มะเร็ง	má-reng
sclerosi (f)	การแข็งตัวของ เนื้อเยื่อรางกาย	gaan kǎeng dtua kǒng néua yêua râang gaai
sclerosi (f) multipla	โรคปลอกประสาท เสื่อมแข็ง	rôhk bplòk bprà-sàat sèuam kǎeng

alcolismo (m)	โรคพิษสุราเรื้อรัง	rôhk phít sù-raa réua rang
alcolizzato (m)	คนขี้เหล้า	khon khêe lâo
sifilide (f)	โรคซิฟิลิส	rôhk sí-fí-lít
AIDS (m)	โรคเอดส	rôhk àyt

tumore (m)	เนื้องอก	néua ngôk
maligno (agg)	ร้าย	ráai
benigno (agg)	ไม่ร้าย	mâi ráai

febbre (f)	ไข้	khâi
malaria (f)	ไข้มาลาเรีย	kâi maa-laa-ria
cancrena (f)	เนื้อตายเน่า	néua dtaai nâo
mal (m) di mare	ภาวะเมาคลื่น	phaa-wá mao khlêun
epilessia (f)	โรคลมบ้าหมู	rôhk lom bâa-mǒo

epidemia (f)	โรคระบาด	rôhk rá-bàat
tifo (m)	โรครากสาดใหญ่	rôhk râak-sàat yài
tubercolosi (f)	วัณโรค	wan-ná-rôhk
colera (m)	อหิวาตกโรค	a-hì-wâat-gà-rôhk
peste (f)	กาฬโรค	gaan-lá-rôhk

48. Sintomi. Cure. Parte 1

sintomo (m)	อาการ	aa-gaan
temperatura (f)	อุณหภูมิ	un-hà-phoom
febbre (f) alta	อุณหภูมิสูง	un-hà-phoom sǒong
polso (m)	ชีพจร	chêep-phá-jon

capogiro (m)	อาการเวียนหัว	aa-gaan wian hǔa
caldo (agg)	ร้อน	rórn
brivido (m)	หนาวสั่น	nǎao sàn
pallido (un viso ~)	หน้าเซียว	nâa sieow
tosse (f)	การไอ	gaan ai
tossire (vi)	ไอ	ai

starnutire (vi)	จาม	jaam
svenimento (m)	การเป็นลม	gaan bpen lom
svenire (vi)	เป็นลม	bpen lom

livido (m)	ฟกช้ำ	fók chám
bernoccolo (m)	บวม	buam
farsi un livido	ชน	chon
contusione (f)	รอยฟกช้ำ	roi fók chám
farsi male	ได้รอยช้ำ	dâai roi chám

zoppicare (vi)	กะโผลกกะเผลก	gà-phlòhk-gà-phlàyk
slogatura (f)	ขอหลุด	khôr lùt
slogarsi (vr)	ทำขอหลุด	tham khôr lùt
frattura (f)	กระดูกหัก	grà-dòok hàk
fratturarsi (vr)	หักกระดูก	hàk grà-dòok

taglio (m)	รอยบาด	roi bàat
tagliarsi (vr)	ทำบาด	tham bàat
emorragia (f)	การเลือดไหล	gaan lêuat lǎi

scottatura (f)	แผลไฟไหม้	phlǎe fai mâi
scottarsi (vr)	ได้รับแผลไฟไหม้	dâai ráp phlǎe fai mâi

pungere (vt)	ตำ	dtam
pungersi (vr)	ตำตัวเอง	dtam dtua ayng
ferire (vt)	ทำให้บาดเจ็บ	tham hâi bàat jèp
ferita (f)	การบาดเจ็บ	gaan bàat jèp
lesione (f)	แผล	phlǎe
trauma (m)	แผลบาดเจ็บ	phlǎe bàat jèp

delirare (vi)	คลุ้มคลั่ง	khlúm khlâng
tartagliare (vi)	พูดตะกุกตะกัก	phôot dtà-gùk-dtà-gàk
colpo (m) di sole	โรคลมแดด	rôhk lom dàet

49. Sintomi. Cure. Parte 2

dolore (m), male (m)	ความเจ็บปวด	khwaam jèp bpùat
scheggia (f)	เสี้ยน	sîan

sudore (m)	เหงื่อ	ngèua
sudare (vi)	เหงื่อออก	ngèua òrk
vomito (m)	การอาเจียน	gaan aa-jian
convulsioni (f pl)	การชัก	gaan chák

incinta (agg)	ตั้งครรภ์	dtâng khan
nascere (vi)	เกิด	gèrt
parto (m)	การคลอด	gaan khlôrt
essere in travaglio di parto	คลอดบุตร	khlôrt bùt
aborto (m)	การแท้งบุตร	gaan tháeng bùt

respirazione (f)	การหายใจ	gaan hǎai-jai
inspirazione (f)	การหายใจเข้า	gaan hǎai-jai khâo
espirazione (f)	การหายใจออก	gaan hǎai-jai òrk
espirare (vi)	หายใจออก	hǎai-jai òrk

inspirare (vi)	หายใจเข้า	hăai-jai khâo
invalido (m)	คนพิการ	khon phí-gaan
storpio (m)	พิการ	phí-gaan
drogato (m)	ผู้ติดยาเสพติด	phôo dtìt yaa-sàyp-dtìt

sordo (agg)	หูหนวก	hŏo nùak
muto (agg)	เป็นใบ้	bpen bâi
sordomuto (agg)	หูหนวกเป็นใบ้	hŏo nùak bpen bâi

matto (agg)	บ้า	bâa
matto (m)	คนบ้า	khon bâa
matta (f)	คนบ้า	khon bâa
impazzire (vi)	เสียสติ	sĭa sà-dtì

gene (m)	ยีน	yeun
immunità (f)	ภูมิคุ้มกัน	phoom khúm gan
ereditario (agg)	เป็นกรรมพันธุ์	bpen gam-má-phan
innato (agg)	แต่กำเนิด	dtàe gam-nèrt

virus (m)	เชื้อไวรัส	chéua wai-rát
microbo (m)	จุลินทรีย์	jù-lin-see
batterio (m)	แบคทีเรีย	bàek-tee-ria
infezione (f)	การติดเชื้อ	gaan dtìt chéua

50. Sintomi. Cure. Parte 3

| ospedale (m) | โรงพยาบาล | rohng phá-yaa-baan |
| paziente (m) | ผู้ป่วย | phôo bpùay |

diagnosi (f)	การวินิจฉัยโรค	gaan wí-nít-chăi rôhk
cura (f)	การรักษา	gaan rák-săa
trattamento (m)	การรักษา ทางการแพทย์	gaan rák-săa thaang gaan phâet
curarsi (vr)	รับการรักษา	ráp gaan rák-săa
curare (vt)	รักษา	rák-săa
accudire (un malato)	รักษา	rák-săa
assistenza (f)	การดูแลรักษา	gaan doo lae rák-săa

operazione (f)	การผ่าตัด	gaan phàa dtàt
bendare (vt)	พันแผล	phan phlăe
fasciatura (f)	การพันแผล	gaan phan phlăe

vaccinazione (f)	การฉีดวัคซีน	gaan chèet wák-seen
vaccinare (vt)	ฉีดวัคซีน	chèet wák-seen
iniezione (f)	การฉีดยา	gaan chèet yaa
fare una puntura	ฉีดยา	chèet yaa

attacco (m) (~ epilettico)	มีอาการเฉียบพลัน	mee aa-gaan chìap phlan
amputazione (f)	การตัดอวัยวะออก	gaan dtàt a-wai-wá òrk
amputare (vt)	ตัด	dtàt
coma (m)	อาการโคม่า	aa-gaan khoh-mâa
essere in coma	อยู่ในอาการโคม่า	yòo nai aa-gaan khoh-mâa
rianimazione (f)	หน่วยอภิบาล	nùay à-phí-baan
guarire (vi)	ฟื้นตัว	féun dtua

stato (f) (del paziente)	อาการ	aa-gaan
conoscenza (f)	สติสัมปชัญญะ	sà-dtì sǎm-bpà-chan-yá
memoria (f)	ความทรงจำ	khwaam song jam

estrarre (~ un dente)	ถอน	thǒrn
otturazione (f)	การอุด	gaan ùt
otturare (vt)	อุด	ùt

ipnosi (f)	การสะกดจิต	gaan sà-gòt jìt
ipnotizzare (vt)	สะกดจิต	sà-gòt jìt

51. Medici

medico (m)	แพทย์	phâet
infermiera (f)	พยาบาล	phá-yaa-baan
medico (m) personale	แพทย์ส่วนตัว	phâet sùan dtua

dentista (m)	ทันตแพทย์	than-dtà phâet
oculista (m)	จักษุแพทย์	jàk-sù phâet
internista (m)	อายุรแพทย์	aa-yú-rá-phâet
chirurgo (m)	ศัลยแพทย์	sǎn-yá-phâet

psichiatra (m)	จิตแพทย์	jìt-dtà-phâet
pediatra (m)	กุมารแพทย์	gù-maan phâet
psicologo (m)	นักจิตวิทยา	nák jìt wít-thá-yaa
ginecologo (m)	นรีแพทย์	ná-ree phâet
cardiologo (m)	หทัยแพทย์	hà-thai phâet

52. Medicinali. Farmaci. Accessori

medicina (f)	ยา	yaa
rimedio (m)	ยา	yaa
prescrivere (vt)	จ่ายยา	jàai yaa
prescrizione (f)	ใบสั่งยา	bai sàng yaa

compressa (f)	ยาเม็ด	yaa mét
unguento (m)	ยาทา	yaa thaa
fiala (f)	หลอดยา	lòrt yaa
pozione (f)	ยาส่วนผสม	yaa sùan phà-sǒm
sciroppo (m)	น้ำเชื่อม	nám chêuam
pillola (f)	ยาเม็ด	yaa mét
polverina (f)	ยาผง	yaa phǒng

benda (f)	ผ้าพันแผล	phâa phan phlǎe
ovatta (f)	สำลี	sǎm-lee
iodio (m)	ไอโอดีน	ai oh-deen

cerotto (m)	พลาสเตอร์	phláat-dtêr
contagocce (m)	ที่หยอดตา	thêe yòrt dtaa
termometro (m)	ปรอท	bpa -ròrt
siringa (f)	เข็มฉีดยา	khěm chèet-yaa
sedia (f) a rotelle	รถเข็นคนพิการ	rót khěn khon phí-gaan

stampelle (f pl)	ไม้ค้ำยัน	máai khám yan
analgesico (m)	ยาแกปวด	yaa gâe bpùat
lassativo (m)	ยาระบาย	yaa rá-baai
alcol (m)	เอธานอล	ay-thaa-norn
erba (f) officinale	สมุนไพร ทางการแพทย์	sà-mŭn phrai thaang gaan phâet
d'erbe (infuso ~)	สมุนไพร	sà-mŭn phrai

HABITAT UMANO

Città

53. Città. Vita di città

città (f)	เมือง	meuang
capitale (f)	เมืองหลวง	meuang lŭang
villaggio (m)	หมู่บ้าน	mòo bâan
mappa (f) della città	แผนที่เมือง	phăen thêe meuang
centro (m) della città	ใจกลางเมือง	jai glaang-meuang
sobborgo (m)	ชานเมือง	chaan meuang
suburbano (agg)	ชานเมือง	chaan meuang
periferia (f)	รอบนอกเมือง	rôrp nôrk meuang
dintorni (m pl)	เขตรอบเมือง	khàyt rôrp-meuang
isolato (m)	บล็อกผังเมือง	blòrk phăng meuang
quartiere residenziale	บล็อกที่อยู่อาศัย	blòrk thêe yòo aa-săi
traffico (m)	การจราจร	gaan jà-raa-jon
semaforo (m)	ไฟจราจร	fai jà-raa-jon
trasporti (m pl) urbani	ขนส่งมวลชน	khŏn sòng muan chon
incrocio (m)	สี่แยก	sèe yâek
passaggio (m) pedonale	ทางม้าลาย	thaang máa laai
sottopassaggio (m)	อุโมงค์คนเดิน	u-mohng kon dern
attraversare (vt)	ขาม	khâam
pedone (m)	คนเดินเท้า	khon dern tháo
marciapiede (m)	ทางเท้า	thaang tháo
ponte (m)	สะพาน	sà-phaan
banchina (f)	ทางเลียบแม่น้ำ	thaang lîap mâe náam
fontana (f)	น้ำพุ	nám phú
vialetto (m)	ทางเลียบสวน	thaang lîap sŭan
parco (m)	สวน	sŭan
boulevard (m)	ถนนกว้าง	thà-nŏn gwâang
piazza (f)	จัตุรัส	jàt-dtù-ràt
viale (m), corso (m)	ถนนใหญ่	thà-nŏn yài
via (f), strada (f)	ถนน	thà-nŏn
vicolo (m)	ซอย	soi
vicolo (m) cieco	ทางตัน	thaang dtan
casa (f)	บ้าน	bâan
edificio (m)	อาคาร	aa-khaan
grattacielo (m)	ตึกระฟ้า	dtèuk rá-fáa
facciata (f)	ด้านหน้าอาคาร	dâan-nâa aa-khaan
tetto (m)	หลังคา	lăng khaa

finestra (f)	หน้าต่าง	nâa dtàang
arco (m)	ชุมประตู	súm bprà-dtoo
colonna (f)	เสา	săo
angolo (m)	มุม	mum

vetrina (f)	หน้าต่างร้านค้า	nâa dtàang ráan kháa
insegna (f) (di negozi, ecc.)	ป้ายราน	bpâai ráan
cartellone (m)	โปสเตอร์	bpòht-dtêr
cartellone (m) pubblicitario	ป้ายโฆษณา	bpâai khôht-sà-naa
tabellone (m) pubblicitario	กระดานปิดประกาศโฆษณา	grà-daan bpìt bprà-gàat khôht-sà-naa

pattume (m), spazzatura (f)	ขยะ	khà-yà
pattumiera (f)	ถังขยะ	thăng khà-yà
sporcare (vi)	ทิ้งขยะ	thíng khà-yà
discarica (f) di rifiuti	ที่ทิ้งขยะ	thêe thíng khà-yà

cabina (f) telefonica	ตู้โทรศัพท์	dtôo thoh-rá-sàp
lampione (m)	เสาโคม	săo khohm
panchina (f)	ม้านั่ง	máa nâng

poliziotto (m)	เจ้าหน้าที่ตำรวจ	jâo nâa-thêe dtam-rùat
polizia (f)	ตำรวจ	dtam-rùat
mendicante (m)	ขอทาน	khŏr thaan
barbone (m)	คนไร้บ้าน	khon rái bâan

54. Servizi cittadini

negozio (m)	ร้านค้า	ráan kháa
farmacia (f)	ร้านขายยา	ráan khăai yaa
ottica (f)	ร้านตัดแว่น	ráan dtàt wâen
centro (m) commerciale	ศูนย์การค้า	sŏon gaan kháa
supermercato (m)	ซูเปอร์มาร์เก็ต	soo-bper-maa-gèt

panetteria (f)	ร้านขนมปัง	ráan khà-nŏm bpang
fornaio (m)	คนอบขนมปัง	khon òp khà-nŏm bpang
pasticceria (f)	ร้านขนม	ráan khà-nŏm
drogheria (f)	ร้านขายของชำ	ráan khăai khŏrng cham
macelleria (f)	ร้านขายเนื้อ	ráan khăai néua

fruttivendolo (m)	ร้านขายผัก	ráan khăai phàk
mercato (m)	ตลาด	dtà-làat

caffè (m)	ร้านกาแฟ	ráan gaa-fae
ristorante (m)	ร้านอาหาร	ráan aa-hăan
birreria (f), pub (m)	บาร์	baa
pizzeria (f)	ร้านพิซซ่า	ráan phís-sâa

salone (m) di parrucchiere	ร้านทำผม	ráan tham phŏm
ufficio (m) postale	โรงไปรษณีย์	rohng bprai-sà-nee
lavanderia (f) a secco	ร้านซักแห้ง	ráan sák hâeng
studio (m) fotografico	ห้องถ่ายภาพ	hôrng thàai phâap
negozio (m) di scarpe	ร้านขายรองเท้า	ráan khăai rorng táo
libreria (f)	ร้านขายหนังสือ	ráan khăai năng-sĕu

negozio (m) sportivo	ร้านขายอุปกรณ์กีฬา	ráan khǎai u-bpà-gon gee-laa
riparazione (f) di abiti	ร้านซ่อมเสื้อผ้า	ráan sôrm sêua phâa
noleggio (m) di abiti	ร้านเช่าเสื้อออกงาน	ráan châo sêua òrk ngaan
noleggio (m) di film	รานเชาวิดีโอ	ráan châo wí-dee-oh

circo (m)	โรงละครสัตว์	rohng lá-khon sàt
zoo (m)	สวนสัตว์	sǔan sàt
cinema (m)	โรงภาพยนตร์	rohng phâap-phá-yon
museo (m)	พิพิธภัณฑ์	phí-phítha phan
biblioteca (f)	หองสมุด	hôrng sà-mùt

teatro (m)	โรงละคร	rohng lá-khon
teatro (m) dell'opera	โรงอุปรากร	rohng ù-bpà-raa-gon
locale notturno (m)	ไนท์คลับ	nai-khláp
casinò (m)	คาสิโน	khaa-sì-noh

moschea (f)	สุเหร่า	sù-ráo
sinagoga (f)	โบสถ์ยิว	bòht yiw
cattedrale (f)	อาสนวิหาร	aa sǒn wí-hǎan
tempio (m)	วิหาร	wí-hǎan
chiesa (f)	โบสถ์	bòht

istituto (m)	วิทยาลัย	wít-thá-yaa-lai
università (f)	มหาวิทยาลัย	má-hǎa wít-thá-yaa-lai
scuola (f)	โรงเรียน	rohng rian

prefettura (f)	ศาลากลางจังหวัด	sǎa-laa glaang jang-wàt
municipio (m)	ศาลาเทศบาล	sǎa-laa thâyt-sà-baan
albergo, hotel (m)	โรงแรม	rohng raem
banca (f)	ธนาคาร	thá-naa-khaan

ambasciata (f)	สถานทูต	sà-thǎan thôot
agenzia (f) di viaggi	บริษัททัวร์	bor-rí-sàt thua
ufficio (m) informazioni	สำนักงาน	sǎm-nák ngaan
	ศูนย์ขอมูล	sǒon khôr moon
ufficio (m) dei cambi	รานแลกเงิน	ráan lâek ngern

metropolitana (f)	รถไฟใต้ดิน	rót fai dtâi din
ospedale (m)	โรงพยาบาล	rohng phá-yaa-baan

distributore (m) di benzina	ปั๊มน้ำมัน	bpám náam man
parcheggio (m)	ลานจอดรถ	laan jòrt rót

55. Cartelli

insegna (f) (di negozi, ecc.)	ป้ายร้าน	bpâai ráan
iscrizione (f)	ป้ายเตือน	bpâai dteuan
cartellone (m)	โปสเตอร์	bpòht-dtêr
segnale (m) di direzione	ป้ายบอกทาง	bpâai bòrk thaang
freccia (f)	ลูกศร	lôok sǒn

avvertimento (m)	คำเตือน	kham dteuan
avviso (m)	ป้ายเตือน	bpâai dteuan
avvertire, avvisare (vt)	เตือน	dteuan

giorno (m) di riposo	วันหยุด	wan yùt
orario (m)	ตารางเวลา	dtaa-raang way-laa
orario (m) di apertura	เวลาทำการ	way-laa tham gaan

BENVENUTI!	ยินดีต้อนรับ!	yin dee dtôrn ráp
ENTRATA	ทางเข้า	thaang khâo
USCITA	ทางออก	thaang òrk

SPINGERE	ผลัก	phlàk
TIRARE	ดึง	deung
APERTO	เปิด	bpèrt
CHIUSO	ปิด	bpìt

| DONNE | หญิง | yĭng |
| UOMINI | ชาย | chaai |

SCONTI	ลดราคา	lót raa-khaa
SALDI	ขายของลดราคา	khăai khŏrng lót raa-khaa
NOVITÀ!	ใหม่!	mài
GRATIS	ฟรี	free

ATTENZIONE!	โปรดทราบ!	bpròht sâap
COMPLETO	ไม่มีห้องว่าง	mâi mee hôrng wâang
RISERVATO	จองแล้ว	jorng láew

| AMMINISTRAZIONE | สำนักงาน | săm-nák ngaan |
| RISERVATO AL PERSONALE | เฉพาะพนักงาน | chà-phór phá-nák ngaan |

ATTENTI AL CANE	ระวังสุนัข!	rá-wang sù-nák
VIETATO FUMARE!	ห้ามสูบบุหรี่	hâam sòop bù rèe
NON TOCCARE	ห้ามแตะ!	hâam dtàe

PERICOLOSO	อันตราย	an-dtà-raai
PERICOLO	อันตราย	an-dtà-raai
ALTA TENSIONE	ไฟฟ้าแรงสูง	fai fáa raeng sŏong
DIVIETO DI BALNEAZIONE	ห้ามว่ายน้ำ!	hâam wâai náam
GUASTO	เสีย	sĭa

INFIAMMABILE	อันตรายติดไฟ	an-dtà-raai dtìt fai
VIETATO	ห้าม	hâam
VIETATO L'INGRESSO	ห้ามผ่าน!	hâam phàan
VERNICE FRESCA	สีพื้นเปียก	sĕe phéun bpìak

56. Mezzi pubblici in città

autobus (m)	รถเมล์	rót may
tram (m)	รถราง	rót raang
filobus (m)	รถโดยสารประจำทางไฟฟ้า	rót doi săan bprà-jam thaang fai fáa
itinerario (m)	เส้นทาง	sên thaang
numero (m)	หมายเลข	măai lâyk
andare in …	ไปด้วย	bpai dûay
salire (~ sull'autobus)	ขึ้น	khêun

scendere da ...	ลุง	long
fermata (f) (~ dell'autobus)	ป้าย	bpâai
prossima fermata (f)	ป้ายถัดไป	bpâai thàt bpai
capolinea (m)	ป้ายสุดท้าย	bpâai sùt tháai
orario (m)	ตารางเวลา	dtaa-raang way-laa
aspettare (vt)	รอ	ror

biglietto (m)	ตั๋ว	dtŭa
prezzo (m) del biglietto	ค่าตั๋ว	khâa dtŭa

cassiere (m)	คนขายตั๋ว	khon khăai dtŭa
controllo (m) dei biglietti	การตรวจตั๋ว	gaan dtrùat dtŭa
bigliettaio (m)	พนักงานตรวจตั๋ว	phá-nák ngaan dtrùat dtŭa

essere in ritardo	ไปสาย	bpai săai
perdere (~ il treno)	พลาด	phlâat
avere fretta	รีบเร่ง	rêep râyng

taxi (m)	แท็กซี่	tháek-sêe
taxista (m)	คนขับแท็กซี่	khon khàp tháek-sêe
in taxi	โดยแท็กซี่	doi tháek-sêe
parcheggio (m) di taxi	ป้ายจอดแท็กซี่	bpâai jòrt tháek sêe
chiamare un taxi	เรียกแท็กซี่	rîak tháek sêe
prendere un taxi	ขึ้นรถแท็กซี่	khêun rót tháek-sêe

traffico (m)	การจราจร	gaan jà-raa-jon
ingorgo (m)	การจราจรติดขัด	gaan jà-raa-jon dtìt khàt
ore (f pl) di punta	ชั่วโมงเร่งด่วน	chûa mohng râyng dùan
parcheggiarsi (vr)	จอด	jòrt
parcheggiare (vt)	จอด	jòrt
parcheggio (m)	ลานจอดรถ	laan jòrt rót

metropolitana (f)	รถไฟใต้ดิน	rót fai dtâi din
stazione (f)	สถานี	sà-thăa-nee
prendere la metropolitana	ขึ้นรถไฟใต้ดิน	khêun rót fai dtâi din
treno (m)	รถไฟ	rót fai
stazione (f) ferroviaria	สถานีรถไฟ	sà-thăa-noo rót fai

57. Visita turistica

monumento (m)	อนุสาวรีย์	a-nú-săa-wá-ree
fortezza (f)	ป้อม	bpôrm
palazzo (m)	วัง	wang
castello (m)	ปราสาท	bpraa-sàat
torre (f)	หอ	hŏr
mausoleo (m)	สุสาน	sù-săan

architettura (f)	สถาปัตยกรรม	sà-thăa-bpàt-dtà-yá-gam
medievale (agg)	ยุคกลาง	yúk glaang
antico (agg)	โบราณ	boh-raan
nazionale (agg)	แห่งชาติ	hàeng châat
famoso (agg)	ที่มีชื่อเสียง	thêe mee chêu-sĭang
turista (m)	นักท่องเที่ยว	nák thôrng thîeow
guida (f)	มัคคุเทศก์	mák-khú-thâyt

escursione (f)	ทัศนศึกษา	thát-sà-ná-sèuk-sǎa
fare vedere	แสดง	sà-daeng
raccontare (vt)	เล่า	lâo

trovare (vt)	หาพบ	hǎa phóp
perdersi (vr)	หลงทาง	lǒng thaang
mappa (f)	แผนที่	phǎen thêe
(~ della metropolitana)		
piantina (f) (~ della città)	แผนที่	phǎen thêe

souvenir (m)	ของที่ระลึก	khǒrng thêe rá-léuk
negozio (m) di articoli	ร้านขาย	ráan khǎai
da regalo	ของที่ระลึก	khǒrng thêe rá-léuk
fare foto	ถ่ายภาพ	thàai phâap
fotografarsi	ได้รับการ	dâai ráp gaan
	ถายภาพให้	thàai phâap hâi

58. Acquisti

comprare (vt)	ซื้อ	séu
acquisto (m)	ของซื้อ	khǒrng séu
fare acquisti	ไปซื้อของ	bpai séu khǒrng
shopping (m)	การชอปปิง	gaan chôp bping

| essere aperto (negozio) | เปิด | bpèrt |
| essere chiuso | ปิด | bpìt |

calzature (f pl)	รองเท้า	rorng tháo
abbigliamento (m)	เสื้อผ้า	sêua phâa
cosmetica (f)	เครื่องสำอาง	khrêuang sǎm-aang
alimentari (m pl)	อาหาร	aa-hǎan
regalo (m)	ของขวัญ	khǒrng khwǎn

| commesso (m) | พนักงานขาย | phá-nák ngaan khǎai |
| commessa (f) | พนักงานขาย | phá-nák ngaan khǎai |

cassa (f)	ที่จ่ายเงิน	thêe jàai ngern
specchio (m)	กระจก	grà-jòk
banco (m)	เคาน์เตอร์	khao-dtêr
camerino (m)	ห้องลองเสื้อผ้า	hôrng lorng sêua phâa

provare (~ un vestito)	ลอง	lorng
stare bene (vestito)	เหมาะ	mò
piacere (vi)	ชอบ	chôrp

prezzo (m)	ราคา	raa-khaa
etichetta (f) del prezzo	ป้ายราคา	bpâai raa-khaa
costare (vt)	ราคา	raa-khaa
Quanto?	ราคาเท่าไหร่?	raa-khaa thâo rài
sconto (m)	ลดราคา	lót raa-khaa

no muy caro (agg)	ไม่แพง	mâi phaeng
a buon mercato	ถูก	thòok
caro (agg)	แพง	phaeng

È caro	มันราคาแพง	man raa-khaa phaeng
noleggio (m)	การเช่า	gaan châo
noleggiare (~ un abito)	เช่า	châo
credito (m)	สินเชื่อ	sĭn chêua
a credito	ซื้อเงินเชื่อ	séu ngern chêua

59. Denaro

soldi (m pl)	เงิน	ngern
cambio (m)	การแลกเปลี่ยน สกุลเงิน	gaan lâek bplìan sà-gun ngern
corso (m) di cambio	อัตราแลกเปลี่ยน สกุลเงิน	àt-dtraa lâek bplìan sà-gun ngern
bancomat (m)	เอทีเอ็ม	ay-thee-em
moneta (f)	เหรียญ	rĭan

dollaro (m)	ดอลลาร์	dorn-lâa
euro (m)	ยูโร	yoo-roh

lira (f)	ลีราอิตาลี	lee-raa ì-dtaa-lee
marco (m)	มาร์ค	mâak
franco (m)	ฟรังค์	frang
sterlina (f)	ปอนด์สเตอร์ลิง	bporn sà-dtêr-ling
yen (m)	เยน	yayn

debito (m)	หนี้	nêe
debitore (m)	ลูกหนี้	lôok nêe
prestare (~ i soldi)	ให้ยืม	hâi yeum
prendere in prestito	ขอยืม	khŏr yeum

banca (f)	ธนาคาร	thá-naa-khaan
conto (m)	บัญชี	ban-chee
versare (vt)	ฝาก	fàak
versare sul conto	ฝากเงินเข้าบัญชี	fàak ngern khâo ban-chee
prelevare dal conto	ถอน	thŏrn

carta (f) di credito	บัตรเครดิต	bàt khray-dìt
contanti (m pl)	เงินสด	ngern sòt
assegno (m)	เช็ค	chék
emettere un assegno	เขียนเช็ค	khĭan chék
libretto (m) di assegni	สมุดเช็ค	sà-mùt chék

portafoglio (m)	กระเป๋าเงิน	grà-bpăo ngern
borsellino (m)	กูระเป๋าสตางค์	grà-bpăo sà-dtaang
cassaforte (f)	ตู้เซฟ	dtôo sâyf

erede (m)	ทายาท	thaa-yâat
eredità (f)	มรดก	mor-rá-dòrk
fortuna (f)	เงินจำนวนมาก	ngern jam-nuan mâak

affitto (m), locazione (f)	สัญญาเช่า	săn-yaa châo
canone (m) d'affitto	ค่าเช่า	kâa châo
affittare (dare in affitto)	เช่า	châo
prezzo (m)	ราคา	raa-khaa

| costo (m) | ราคา | raa-khaa |
| somma (f) | จำนวนเงินรวม | jam-nuan ngern ruam |

spendere (vt)	จ่าย	jàai
spese (f pl)	ค่าจ่าย	khâa jàai
economizzare (vi, vt)	ประหยัด	bprà-yàt
economico (agg)	ประหยัด	bprà-yàt

pagare (vi, vt)	จ่าย	jàai
pagamento (m)	การจ่ายเงิน	gaan jàai ngern
resto (m) (dare il ~)	เงินทอน	ngern thorn

imposta (f)	ภาษี	phaa-sĕe
multa (f), ammenda (f)	ค่าปรับ	khâa bpràp
multare (vt)	ปรับ	bpràp

60. Posta. Servizio postale

ufficio (m) postale	โรงไปรษณีย์	rohng bprai-sà-nee
posta (f) (lettere, ecc.)	จดหมาย	jòt mǎai
postino (m)	บุรุษไปรษณีย์	bù-rùt bprai-sà-nee
orario (m) di apertura	เวลาทำการ	way-laa tham gaan

lettera (f)	จดหมาย	jòt mǎai
raccomandata (f)	จดหมายลงทะเบียน	jòt mǎai long thá-bian
cartolina (f)	ไปรษณียบัตร	bprai-sà-nee-yá-bàt
telegramma (m)	โทรเลข	thoh-rá-lâyk
pacco (m) postale	พัสดุ	phát-sà-dù
vaglia (m) postale	การโอนเงิน	gaan ohn ngern

ricevere (vt)	รับ	ráp
spedire (vt)	ฝาก	fàak
invio (m)	การฝาก	gaan fàak

| indirizzo (m) | ที่อยู่ | thêe yòo |
| codice (m) postale | รหัสไปรษณีย์ | rá-hàt bprai-sà-nee |

| mittente (m) | ผู้ฝาก | phôo fàak |
| destinatario (m) | ผู้รับ | phôo ráp |

| nome (m) | ชื่อ | chêu |
| cognome (m) | นามสกุล | naam sà-gun |

tariffa (f)	อัตราค่าส่งไปรษณีย	àt-dtraa khâa sòng bprai-sà-nee
ordinario (agg)	มาตรฐาน	mâat-dtrà-thǎan
standard (agg)	ประหยัด	bprà-yàt

peso (m)	น้ำหนัก	nám nàk
pesare (vt)	มีน้ำหนัก	mee nám nàk
busta (f)	ซอง	sorng
francobollo (m)	แสตมป์ไปรษณีย์	sà-dtaem bprai-sà-nee
affrancare (vt)	แสตมป์ตราประทับบนซอง	sà-dtaem dtraa bprà-tháp bon song

Abitazione. Casa

61. Casa. Elettricità

elettricità (f)	ไฟฟ้า	fai fáa
lampadina (f)	หลอดไฟฟ้า	lòrt fai fáa
interruttore (m)	ปุ่มปิดเปิดไฟ	bpùm bpìt bpèrt fai
fusibile (m)	ฟิวส์	fiw
filo (m)	สายไฟฟ้า	sǎai fai fáa
impianto (m) elettrico	การเดินสายไฟ	gaan dern sǎai fai
contatore (m) dell'elettricità	มิเตอร์วัดไฟฟ้า	mí-dtêr wát fai fáa
lettura, indicazione (f)	คามิเตอร์	khâa mí-dtêr

62. Villa. Palazzo

casa (f) di campagna	บ้านสไตล์คันทรี่	bâan sà-dtai khan trêe
villa (f)	คฤหาสน์	khá-réu-hàat
ala (f)	สวน	sùan
giardino (m)	สวน	sǔan
parco (m)	สวน	sǔan
serra (f)	เรือนกระจกเขตร้อน	reuan grà-jòk khàyt rórn
prendersi cura	ดูแล	doo lae
(~ del giardino)		
piscina (f)	สระว่ายน้ำ	sà wâai náam
palestra (f)	โรงยิม	rohng-yim
campo (m) da tennis	สนามเทนนิส	sà-nǎam then-nít
home cinema (m)	หองฉายหนัง	hôrng chǎai nǎng
garage (m)	โรงรถ	rohng rót
proprietà (f) privata	ทรัพย์สินส่วนบุคคล	sáp sǐn sùan bùk-khon
terreno (m) privato	ที่ดินสวนบุคคล	thêe din sùan bùk-khon
avvertimento (m)	คำเตือน	kham dteuan
cartello (m) di avvertimento	ป้ายเตือน	bpâai dteuan
sicurezza (f)	ผู้รักษา	phôo rák-sǎa
	ความปลอดภัย	khwaam bplòrt phai
guardia (f) giurata	ยาม	yaam
allarme (f) antifurto	สัญญาณกันขโมย	sǎn-yaan gan khà-moi

63. Appartamento

appartamento (m)	อพาร์ตเมนต์	a-phâat-mayn
camera (f), stanza (f)	หอง	hôrng

camera (f) da letto	ห้องนอน	hôrng norn
sala (f) da pranzo	ห้องรับประทาน อาหาร	hôrng ráp bprà-thaan aa-hǎan
salotto (m)	ห้องนั่งเล่น	hôrng nâng lên
studio (m)	ห้องทำงาน	hôrng tham ngaan
ingresso (m)	ห้องเข้า	hôrng khâo
bagno (m)	ห้องน้ำ	hôrng náam
gabinetto (m)	ห้องส้วม	hôrng sûam
soffitto (m)	เพดาน	phay-daan
pavimento (m)	พื้น	phéun
angolo (m)	มุม	mum

64. Arredamento. Interno

mobili (m pl)	เครื่องเรือน	khrêuang reuan
tavolo (m)	โต๊ะ	dtó
sedia (f)	เก้าอี้	gâo-êe
letto (m)	เตียง	dtiang
divano (m)	โซฟา	soh-faa
poltrona (f)	เก้าอี้เท้าแขน	gâo-êe tháo khǎen
libreria (f)	ตู้หนังสือ	dtôo nǎng-sěu
ripiano (m)	ชั้นวาง	chán waang
armadio (m)	ตู้เสื้อผ้า	dtôo sêua phâa
attaccapanni (m) da parete	ที่แขวนเสื้อ	thêe khwǎen sêua
appendiabiti (m) da terra	ไม้แขวนเสื้อ	mái khwǎen sêua
comò (m)	ตู้ลิ้นชัก	dtôo lín chák
tavolino (m) da salotto	โต๊ะกาแฟ	dtó gaa-fae
specchio (m)	กระจก	grà-jòk
tappeto (m)	พรม	phrom
tappetino (m)	พรมเช็ดเท้า	phrom chét tháo
camino (m)	เตาผิง	dtao phǐng
candela (f)	เทียน	thian
candeliere (m)	เชิงเทียน	cherng thian
tende (f pl)	ผ้าแขวน	phâa khwǎen
carta (f) da parati	วอลเปเปอร์	worn-bpay-bper
tende (f pl) alla veneziana	บานเกล็ดหน้าต่าง	baan glèt nâa dtàang
lampada (f) da tavolo	โคมไฟตั้งโต๊ะ	khohm fai dtâng dtó
lampada (f) da parete	ไฟติดผนัง	fai dtìt phà-nǎng
lampada (f) a stelo	โคมไฟตั้งพื้น	khohm fai dtâng phéun
lampadario (m)	โคมระย้า	khohm rá-yáa
gamba (f)	ขา	khǎa
bracciolo (m)	ที่พักแขน	thêe phák khǎen
spalliera (f)	พนักพิง	phá-nák phing
cassetto (m)	ลิ้นชัก	lín chák

65. Biancheria da letto

biancheria (f) da letto	ชุดผ้าปูที่นอน	chút phâa bpoo thêe norn
cuscino (m)	หมอน	mŏrn
federa (f)	ปลอกหมอน	bplòk mŏrn
coperta (f)	ผ้าผวย	phâa phŭay
lenzuolo (m)	ผ้าปู	phâa bpoo
copriletto (m)	ผ้าคลุมเตียง	phâa khlum dtiang

66. Cucina

cucina (f)	ห้องครัว	hôrng khrua
gas (m)	แก๊ส	gáet
fornello (m) a gas	เตาแก๊ส	dtao gàet
fornello (m) elettrico	เตาไฟฟ้า	dtao fai-fáa
forno (m)	เตาอบ	dtao òp
forno (m) a microonde	เตาอบไมโครเวฟ	dtao òp mai-khroh-we p
frigorifero (m)	ตู้เย็น	dtôo yen
congelatore (m)	ตู้แช่แข็ง	dtôo châe khǎeng
lavastoviglie (f)	เครื่องล้างจาน	khrêuang láang jaan
tritacarne (m)	เครื่องบดเนื้อ	khrêuang bòt néua
spremifrutta (m)	เครื่องคั้น น้ำผลไม้	khrêuang khán náam phǒn-lá-mái
tostapane (m)	เครื่องปิ้ง ขนมปัง	khrêuang bpîng khà-nŏm bpang
mixer (m)	เครื่องปั่น	khrêuang bpàn
macchina (f) da caffè	เครื่องชงกาแฟ	khrêuang chong gaa-fae
caffettiera (f)	หม้อกาแฟ	môr gaa-fae
macinacaffè (m)	เครื่องบดกาแฟ	khrêuang bòt gaa-fae
bollitore (m)	กาน้ำ	gaa náam
teiera (f)	กาน้ำชา	gaa náam chaa
coperchio (m)	ฝา	fǎa
colino (m) da tè	ที่กรองชา	thêe grorng chaa
cucchiaio (m)	ช้อน	chórn
cucchiaino (m) da tè	ช้อนชา	chórn chaa
cucchiaio (m)	ช้อนซุป	chórn súp
forchetta (f)	ส้อม	sôrm
coltello (m)	มีด	mêet
stoviglie (f pl)	ถ้วยชาม	thûay chaam
piatto (m)	จาน	jaan
piattino (m)	จานรอง	jaan rorng
cicchetto (m)	แก้วช็อต	gâew chórt
bicchiere (m) (~ d'acqua)	แก้ว	gâew
tazzina (f)	ถ้วย	thûay
zuccheriera (f)	โถน้ำตาล	thǒh náam dtaan
saliera (f)	กระปุกเกลือ	grà-bpùk gleua

| pepiera (f) | กระปุกพริกไท | grà-bpùk phrík thai |
| burriera (f) | ที่ใส่เนย | thêe sài noie |

pentola (f)	หม้อต้ม	môr dtôm
padella (f)	กระทะ	grà-thá
mestolo (m)	กระบวย	grà-buay
colapasta (m)	กระชอน	grà chorn
vassoio (m)	ถาด	thàat

bottiglia (f)	ขวด	khùat
barattolo (m) di vetro	ขวดโหล	khùat lŏh
latta, lattina (f)	กระป๋อง	grà-bpŏrng

apribottiglie (m)	ที่เปิดขวด	thêe bpèrt khùat
apriscatole (m)	ที่เปิดกระป๋อง	thêe bpèrt grà-bpŏrng
cavatappi (m)	ที่เปิดจุก	thêe bpèrt jùk
filtro (m)	ที่กรอง	thêe grorng
filtrare (vt)	กรอง	grorng

| spazzatura (f) | ขยะ | khà-yà |
| pattumiera (f) | ถังขยะ | thăng khà-yà |

67. Bagno

bagno (m)	ห้องน้ำ	hôrng náam
acqua (f)	น้ำ	nám
rubinetto (m)	ก๊อกน้ำ	gòk náam
acqua (f) calda	น้ำร้อน	nám rórn
acqua (f) fredda	น้ำเย็น	nám yen

dentifricio (m)	ยาสีฟัน	yaa sĕe fan
lavarsi i denti	แปรงฟัน	bpraeng fan
spazzolino (m) da denti	แปรงสีฟัน	bpraeng sĕe fan

rasarsi (vr)	โกน	gohn
schiuma (f) da barba	โฟมโกนหนวด	fohm gohn nùat
rasoio (m)	มีดโกน	mêet gohn

lavare (vt)	ล้าง	láang
fare un bagno	อาบ	àap
doccia (f)	ฝักบัว	fàk bua
fare una doccia	อาบน้ำฝักบัว	àap náam fàk bua

vasca (f) da bagno	อ่างอาบน้ำ	àang àap náam
water (m)	โถชักโครก	thŏh chák khrôhk
lavandino (m)	อางลางหนา	àang láang-nâa

| sapone (m) | สบู่ | sà-bòo |
| porta (m) sapone | ที่ใส่สบู่ | thêe sài sà-bòo |

spugna (f)	ฟองน้ำ	forng náam
shampoo (m)	แชมพู	chaem-phoo
asciugamano (m)	ผ้าเช็ดตัว	phâa chét dtua
accappatoio (m)	เสื้อคลุมอาบน้ำ	sêua khlum àap náam

bucato (m)	การซักผ้า	gaan sák phâa
lavatrice (f)	เครื่องซักผ้า	khrêuang sák phâa
fare il bucato	ซักผ้า	sák phâa
detersivo (m) per il bucato	ผงซักฟอก	phǒng sák-fôrk

68. Elettrodomestici

televisore (m)	ทีวี	thee-wee
registratore (m) a nastro	เครื่องบันทึกเทป	khrêuang ban-théuk thâyp
videoregistratore (m)	เครื่องบันทึกวิดีโอ	khrêuang ban-théuk wí-dee-oh
radio (f)	วิทยุ	wít-thá-yú
lettore (m)	เครื่องเล่น	khrêuang lên

videoproiettore (m)	โปรเจ็คเตอร์	bproh-jèk-dtêr
home cinema (m)	เครื่องฉายภาพยนตร์ที่บ้าน	khhrêuang chǎai phâap-phá yon thêe bâan
lettore (m) DVD	เครื่องเล่น DVD	khrêuang lên dee-wee-dee
amplificatore (m)	เครื่องขยายเสียง	khrêuang khà-yǎai sǐang
console (f) video giochi	เครื่องเกมคอนโซล	khrêuang gaym khorn sohn

videocamera (f)	กล้องถ่ายวิดีโอ	glôrng thàai wí-dee-oh
macchina (f) fotografica	กล้องถ่ายรูป	glôrng thàai rôop
fotocamera (f) digitale	กลองดิจิตอล	glôrng dì-jì-dton

aspirapolvere (m)	เครื่องดูดฝุ่น	khrêuang dòot fùn
ferro (m) da stiro	เตารีด	dtao rêet
asse (f) da stiro	กระดานรองรีด	grà-daan rorng rêet

telefono (m)	โทรศัพท์	thoh-rá-sàp
telefonino (m)	มือถือ	meu thěu
macchina (f) da scrivere	เครื่องพิมพ์ดีด	khrêuang phim dèet
macchina (f) da cucire	จักรเย็บผ้า	jàk yép phâa

microfono (m)	ไมโครโฟน	mai-khroh-fohn
cuffia (f)	หูฟัง	hǒo fang
telecomando (m)	รีโมตทีวี	ree môht thee wee

CD (m)	CD	see-dee
cassetta (f)	เทป	thâyp
disco (m) (vinile)	จานเสียง	jaan sǐang

ATTIVITÀ UMANA

Lavoro. Affari. Parte 1

69. Ufficio. Lavorare in ufficio

uffici (m pl) (gli ~ della società)	สำนักงาน	săm-nák ngaan
ufficio (m)	ห้องทำงาน	hôrng tham ngaan
portineria (f)	แผนกต้อนรับ	phà-nàek dtôrn ráp
segretario (m)	เลขา	lay-khăa
segretaria (f)	เลขา	lay-khăa
direttore (m)	ผู้อำนวยการ	phôo am-nuay gaan
manager (m)	ผู้จัดการ	phôo jàt gaan
contabile (m)	คนทำบัญชี	khon tham ban-chee
impiegato (m)	พนักงาน	phá-nák ngaan
mobili (m pl)	เครื่องเรือน	khrêuang reuan
scrivania (f)	โต๊ะ	dtó
poltrona (f)	เก้าอี้สำนักงาน	gâo-êe săm-nák ngaan
cassettiera (f)	ตู้มีลิ้นชัก	dtôo mee lín chák
appendiabiti (m) da terra	ไม้แขวนเสื้อ	mái khwăen sêua
computer (m)	คอมพิวเตอร์	khorm-phiw-dtêr
stampante (f)	เครื่องพิมพ์	khrêuang phim
fax (m)	เครื่องโทรสาร	khrêuang thoh-rá-săan
fotocopiatrice (f)	เครื่องอัดสำเนา	khrêuang àt săm-nao
carta (f)	กระดาษ	grà-dàat
cancelleria (f)	เครื่องใช้สำนักงาน	khrêuang chái săm-nák ngaan
tappetino (m) del mouse	แผ่นรองเมาส์	phàen rorng mao
foglio (m)	ใบ	bai
cartella (f)	แฟ้ม	fáem
catalogo (m)	บัญชีรายชื่อ	ban-chee raai chêu
elenco (m) del telefono	สมุดโทรศัพท์	sà-mùt thoh-rá-sàp
documentazione (f)	เอกสาร	àyk săan
opuscolo (m)	โบรชัวร์	broh-chua
volantino (m)	ใบปลิว	bai bpliw
campione (m)	ตัวอย่าง	dtua yàang
formazione (f)	การประชุมฝึกอบรม	gaan bprà-chum fèuk òp-rom
riunione (f)	การประชุม	gaan bprà-chum
pausa (f) pranzo	การพักเที่ยง	gaan phák thîang
copiare (vt)	ทำสำเนา	tham săm-nao
fare copie	ทำสำเนาหลายฉบับ	tham săm-nao lăai chà-bàp
ricevere un fax	รับโทรสาร	ráp thoh-rá-săan

spedire un fax	ส่งโทรสาร	sòng thoh-rá-săan
telefonare (vi, vt)	โทรศัพท์	thoh-rá-sàp
rispondere (vi, vt)	รับสาย	ráp săai
passare (glielo passo)	โอนสาย	ohn săai
fissare (organizzare)	นัด	nát
dimostrare (vt)	สาธิต	săa-thít
essere assente	ขาด	khàat
assenza (f)	การขาด	gaan khàat

70. Operazioni d'affari. Parte 1

attività (f)	ธุรกิจ	thú-rá gìt
occupazione (f)	อาชีพ	aa-chêep
ditta (f)	บริษัท	bor-rí-sàt
compagnia (f)	บริษัท	bor-rí-sàt
corporazione (f)	บริษัท	bor-rí-sàt
impresa (f)	บริษัท	bor-rí-sàt
agenzia (f)	สำนักงาน	săm-nák ngaan
accordo (m)	ข้อตกลง	khôr dtòk long
contratto (m)	สัญญา	săn-yaa
affare (m)	ข้อตกลง	khôr dtòk long
ordine (m) (ordinazione)	การสั่ง	gaan sàng
termine (m) dell'accordo	เงื่อนไข	ngêuan khăi
all'ingrosso	ขายส่ง	khăai sòng
all'ingrosso (agg)	ขายส่ง	khăai sòng
vendita (f) all'ingrosso	การขายส่ง	gaan khăai sòng
al dettaglio (agg)	ขายปลีก	khăai bplèek
vendita (f) al dettaglio	การขายปลีก	gaan khăai bplèek
concorrente (m)	คู่แข่ง	khôo khàeng
concorrenza (f)	การแข่งขัน	gaan khàeng khăn
competere (vi)	แข่งขัน	khàeng khăn
socio (m), partner (m)	พันธมิตร	phan-thá-mít
partenariato (m)	หางหุนส่วน	hâang hûn sùan
crisi (f)	วิกฤติ	wí-grìt
bancarotta (f)	การล้มละลาย	gaan lóm lá-laai
fallire (vi)	ล้มละลาย	lóm lá-laai
difficoltà (f)	ความยากลำบาก	khwaam yâak lam-bàak
problema (m)	ปัญหา	bpan-hăa
disastro (m)	ความหายนะ	khwaam hăa-yá-ná
economia (f)	เศรษฐกิจ	sàyt-thà-gìt
economico (agg)	ทางเศรษฐกิจ	thaang sàyt-thà-gìt
recessione (f) economica	เศรษฐกิจถดถอย	sàyt-thà-gìt thòt thŏi
scopo (m), obiettivo (m)	เป้าหมาย	bpâo măai
incarico (m)	งาน	ngaan
commerciare (vi)	แลกเปลี่ยน	lâek bplìan

rete (f) (~ di distribuzione)	เครือข่าย	khreua khàai
giacenza (f)	คลังสินค้า	khlang sĭn kháa
assortimento (m)	ประเภทสินค้า ตางๆ	bprà-phâyt sĭn kháa dtàang dtàang

leader (m), capo (m)	ผู้นำ	phôo nam
grande (agg)	ขนาดใหญ่	khà-nàat yài
monopolio (m)	การผูกขาด	gaan phòok khàat

teoria (f)	ทฤษฎี	thrít-sà-dee
pratica (f)	การดำเนินการ	gaan dam-nern gaan
esperienza (f)	ประสบการณ์	bprà-sòp gaan
tendenza (f)	แนวโน้ม	naew nóhm
sviluppo (m)	การพัฒนา	gaan phát-thá-naa

71. Operazioni d'affari. Parte 2

| profitto (m) | กำไร | gam-rai |
| profittevole (agg) | กำไร | gam-rai |

delegazione (f)	คณะผู้แทน	khá-ná phôo thaen
stipendio (m)	เงินเดือน	ngern deuan
correggere (vt)	แก้ไข	gâe khăi
viaggio (m) d'affari	การเดินทางไป ทำธุรกิจ	gaan dern taang bpai tham thú-rá gìt
commissione (f)	คณะ	khá-ná

controllare (vt)	ควบคุม	khûap khum
conferenza (f)	งานประชุม	ngaan bprà-chum
licenza (f)	ใบอนุญาต	bai a-nú-yâat
affidabile (agg)	พึ่งพาได้	phêung phaa dâai

iniziativa (f) (progetto nuovo)	การริเริ่ม	gaan rí-rêrm
norma (f)	มาตรฐาน	mâat-dtrà-thăan
circostanza (f)	ภาวะ	phaa-wá
mansione (f)	หน้าที่	nâa thêe

impresa (f)	องค์การ	ong gaan
organizzazione (f)	การจัด	gaan jàt
organizzato (agg)	ที่ถูกจัด	thêe thòok jàt
annullamento (m)	การยกเลิก	gaan yók lêrk
annullare (vt)	ยกเลิก	yók lêrk
rapporto (m) (~ ufficiale)	รายงาน	raai ngaan

brevetto (m)	สิทธิบัตร	sìt-thí bàt
brevettare (vt)	จดสิทธิบัตร	jòt sìt-thí bàt
pianificare (vt)	วางแผน	waang phăen

premio (m)	โบนัส	boh-nát
professionale (agg)	ทางวิชาชีพ	thaang wí-chaa chêep
procedura (f)	กระบวนการ	grà-buan gaan

| esaminare (~ un contratto) | ปรึกษาหารือ | bprèuk-săa hăa-reu |
| calcolo (m) | การนับ | gaan náp |

reputazione (f)	ความมีหน้ามีตา	khwaam mee nâa mee dtaa
rischio (m)	ความเสี่ยง	khwaam sìang

dirigere (~ un'azienda)	บริหาร	bor-rí-hǎan
informazioni (f pl)	ขอมูล	khôr moon
proprietà (f)	ทรัพย์สิน	sáp sǐn
unione (f) (~ Italiana Vini, ecc.)	สหภาพ	sà-hà phâap

assicurazione (f) sulla vita	การประกันชีวิต	gaan bprà-gan chee-wít
assicurare (vt)	ประกันภัย	bprà-gan phai
assicurazione (f)	การประกันภัย	gaan bprà-gan phai

asta (f)	การขายเลหลัง	gaan khǎai lay-lǎng
avvisare (informare)	แจง	jâeng
gestione (f)	การบริหาร	gaan bor-rí-hǎan
servizio (m)	บริการ	bor-rí-gaan

forum (m)	การประชุมฟอรั่ม	gaan bprà-chum for-râm
funzionare (vi)	ดำเนินการ	dam-nern gaan
stadio (m) (fase)	ขั้น	khân
giuridico (agg)	ทางกฎหมาย	thaang gòt mǎai
esperto (m) legale	ทนายความ	thá-naai khwaam

72. Attività produttiva. Lavori

stabilimento (m)	โรงงาน	rohng ngaan
fabbrica (f)	โรงงาน	rohng ngaan
officina (f) di produzione	ห้องทำงาน	hôrng tham ngaan
stabilimento (m)	ที่ผลิต	thêe phà-lìt

industria (f)	อุตสาหกรรม	út-saa há-gam
industriale (agg)	ทางอุตสาหกรรม	thaang ùt-sǎa-hà-gam
industria (f) pesante	อุตสาหกรรมหนัก	ùt-sǎa-hà-gam nàk
industria (f) leggera	อุตสาหกรรมเบา	ùt-sǎa-hà-gam bao

prodotti (m pl)	ผลิตภัณฑ์	phà-lìt-dtà-phan
produrre (vt)	ผลิต	phà-lìt
materia (f) prima	วัตถุดิบ	wát-thù dìp

caposquadra (m)	คนคุมงาน	khon khum ngaan
squadra (f)	ทีมคนงาน	theem khon ngaan
operaio (m)	คนงาน	khon ngaan

giorno (m) lavorativo	วันทำงาน	wan tham ngaan
pausa (f)	หยุดพัก	yùt phák
riunione (f)	การประชุม	gaan bprà-chum
discutere (~ di un problema)	หารือ	hǎa-reu

piano (m)	แผน	phǎen
eseguire il piano	ทำตามแผน	tham dtaam phǎen
tasso (m) di produzione	อัตราผลลัพธ์	àt-dtraa phǒn láp
qualità (f)	คุณภาพ	khun-ná-phâap
controllo (m)	การควบคุม	gaan khûap khum

controllo (m) di qualità	การควบคุม	gaan khûap khum
	คุณภาพ	khun-ná-phâap
sicurezza (f) sul lavoro	ความปลอดภัย	khwaam bplòrt phai
	ในที่ทำงาน	nai thêe tham ngaan
disciplina (f)	วินัย	wí-nai
infrazione (f)	การละเมิด	gaan lá-mêrt
violare (~ le regole)	ละเมิด	lá-mêrt

sciopero (m)	การประท้วงหยุดงาน	gaan bprà-thúang yùt ngaan
scioperante (m)	ผู้ประท้วงหยุดงาน	phôo bprà-thúang yùt ngaan
fare sciopero	ประท้วงหยุดงาน	bprà-thúang yùt ngaan
sindacato (m)	สหภาพแรงงาน	sà-hà-phâap raeng ngaan

inventare (vt)	ประดิษฐ์	bprà-dìt
invenzione (f)	สิ่งประดิษฐ์	sìng bprà-dìt
ricerca (f)	การวิจัย	gaan wí-jai
migliorare (vt)	ทำให้ดีขึ้น	tham hâi dee khêun
tecnologia (f)	เทคโนโลยี	thék-noh-loh-yee
disegno (m) tecnico	ภาพรางทางเทคนิค	phâap-râang thaang thék-nìk

carico (m)	ของบรรทุก	khŏrng ban-thúk
caricatore (m)	คนงานยกของ	khon ngaan yók khŏrng
caricare (~ un camion)	บรรทุก	ban-thúk
caricamento (m)	การบรรทุก	gaan ban-thúk
scaricare (vt)	ขนออก	khŏn òrk
scarico (m)	การขนออก	gaan khŏn òrk

trasporto (m)	การขนส่ง	gaan khŏn sòng
società (f) di trasporti	บริษัทขนส่ง	bor-rí-sàt khŏn sòng
trasportare (vt)	ขนส่ง	khŏn sòng

vagone (m) merci	ตู้รถไฟรถ	dtôo rót fai
cisterna (f)	ถัง	thăng
camion (m)	รถบรรทุก	rót ban-thúk

| macchina (f) utensile | เครื่องมือกล | khrêuang meu gon |
| meccanismo (m) | กลไก | gon-gai |

rifiuti (m pl) industriali	ของเสียจากโรงงาน	khŏrng sĭa jàak rohng ngaan
imballaggio (m)	การทำที่บุหอ	gaan tham hèep hòr
imballare (vt)	แพ็คหีบหอ	pháek hèep hòr

73. Contratto. Accordo

contratto (m)	สัญญา	săn-yaa
accordo (m)	ขอตกลง	khôr dtòk long
allegato (m)	ภาคผนวก	phâak phà-nùak

firmare un contratto	ลงนามในสัญญา	long naam nai săn-yaa
firma (f)	ลายมือชื่อ	laai meu chêu
firmare (vt)	ลงนาม	long naam
timbro (m) (su documenti)	ตราประทับ	dtraa bprà-tháp
oggetto (m) del contratto	หัวข้อของสัญญา	hŭa khôr khŏrng săn-yaa
clausola (f)	ขอ	khôr

parti (f pl) (in un contratto)	ฝ่าย	fàai
sede (f) legale	ที่อยู่ตามกฎหมาย	thêe yòo dtaam gòt mǎai

sciogliere un contratto	การละเมิดสัญญา	gaan lá-mêrt sǎn-yaa
obbligo (m)	พันธสัญญา	phan-thá-sǎn-yaa
responsabilità (f)	ความรับผิดชอบ	khwaam ráp phìt chôp
forza (f) maggiore	เหตุสุดวิสัย	hàyt sùt wí-sǎi
discussione (f)	ความขัดแย้ง	khwaam khàt yáeng
sanzioni (f pl)	บทลงโทษ	bòt long thôht

74. Import-export

importazione (f)	การนำเข้า	gaan nam khâo
importatore (m)	ผู้นำเขา	phôo nam khâo
importare (vt)	นำเข้า	nam khâo
d'importazione (agg)	นำเขา	nam khâo

esportazione (f)	การส่งออก	gaan sòng òrk
esportatore (m)	ผู้สงออก	phôo sòng òrk
esportare (vt)	สงออก	sòng òrk
d'esportazione (agg)	สงออก	sòng òrk

merce (f)	สินค้า	sǐn kháa
carico (m)	สินค้าที่ส่งไป	sǐn kháa thêe sòng bpai

peso (m)	น้ำหนัก	nám nàk
volume (m)	ปริมาณ	bpà-rí-maan
metro (m) cubo	ลูกบาศกเมตร	lôok bàat máyt

produttore (m)	ผู้ผลิต	phôo phà-lìt
società (f) di trasporti	บริษัทขนส่ง	bor-rí-sàt khǒn sòng
container (m)	ตู้คอนเทนเนอร์	dtôo khorn thay ná-ner

frontiera (f)	ชายแดน	chaai daen
dogana (f)	ด่านศุลกากร	dàan sǔn-lá-gaa-gon
dazio (m) doganale	ภาษีศุลกากร	phaa-sěe sǔn-lá-gaa-gon
doganiere (m)	เจาหน้าที่ศุลกากร	jâo nâa-thêe sǔn-lá-gaa-gon
contrabbando (m)	การลักลอบ	gaan lák-lôrp
merci (f pl) contrabbandate	สินค้าที่ผิดกฎหมาย	sǐn kháa thêe phìt gòt mǎai

75. Mezzi finanziari

azione (f)	หุ้น	hûn
obbligazione (f)	ตราสารหนี้	dtraa sǎan nêe
cambiale (f)	ตั๋วสัญญาใช้เงิน	dtǔa sǎn-yaa chái ngern

borsa (f)	ตลาดหลักทรัพย์	dtà-làat làk sáp
quotazione (f)	ราคาหุ้น	raa-khaa hûn

diminuire di prezzo	ถูกลง	thòok long
aumentare di prezzo	แพงขึ้น	phaeng khêun
quota (f)	ปันผล	bpan phǒn

pacchetto (m) di maggioranza	ส่วนได้เสียที่ มีอำนาจควบคุม	sùan dâai sĭa têe mee am-nâat khûap khum
investimento (m)	การลงทุน	gaan long thun
investire (vt)	ลงทุน	long thun
percento (m)	เปอร์เซ็นต์	bper-sen
interessi (m pl) (su investimenti)	ดอกเบี้ย	dòrk bîa

profitto (m)	กำไร	gam-rai
redditizio (agg)	ได้กำไร	dâai gam-rai
imposta (f)	ภาษี	phaa-sĕe

valuta (f) (~ estera)	สกุลเงิน	sà-gun ngern
nazionale (agg)	แหงชาติ	hàeng châat
cambio (m) (~ valuta)	การแลกเปลี่ยน	gaan lâek bplìan

contabile (m)	นักบัญชี	nák ban-chee
ufficio (m) contabilità	การทำบัญชี	gaan tham ban-chee

bancarotta (f)	การล้มละลาย	gaan lóm lá-laai
fallimento (m)	การพังพินาศ	gaan phang phí-nâat
rovina (f)	ความพินาศ	khwaam phí-nâat
andare in rovina	ล้มละลาย	lóm lá-laai
inflazione (f)	เงินเฟ้อ	ngern fér
svalutazione (f)	การลดคาเงิน	gaan lót khâa ngern

capitale (m)	เงินทุน	ngern thun
reddito (m)	รายได	raai dâai
giro (m) di affari	การหมุนเวียน	gaan mŭn wian
risorse (f pl)	ทรัพยากร	sáp-pá-yaa-gon
mezzi (m pl) finanziari	แหลงเงินทุน	làeng ngern thun

spese (f pl) generali	ค่าใช้จ่าย	khâa chái jàai
ridurre (~ le spese)	ลด	lót

76. Marketing

marketing (m)	การตลาด	gaan dtà-làat
mercato (m)	ตลาด	dtà-làat
segmento (m) di mercato	สวนตลาด	sùan dtà-làat
prodotto (m)	ผลิตภัณฑ	phà-lìt-dtà-phan
merce (f)	สินคา	sĭn kháa

marca (f)	ยี่ห้อ	yêe hôr
marchio (m) di fabbrica	เครื่องหมายการค้า	khrêuang măai gaan kháa
logotipo (m)	โลโก้	loh-gôh
logo (m)	โลโก	loh-gôh

domanda (f)	อุปสงค์	u-bpà-sŏng
offerta (f)	อุปทาน	u-bpà-thaan
bisogno (m)	ความตองการ	khwaam dtôrng gaan
consumatore (m)	ผูบริโภค	phôo bor-rí-phôhk
analisi (f)	การวิเคราะห์	gaan wí-khrór
analizzare (vt)	วิเคราะห	wí-khrór

posizionamento (m)	การวางตำแหน่ง	gaan waang dtam-nàeng
	ผลิตภัณฑ์	phà-lìt-dtà-phan
posizionare (vt)	วางตำแหน่ง	waang dtam-nàeng
	ผลิตภัณฑ์	phà-lìt-dtà-phan

prezzo (m)	ราคา	raa-khaa
politica (f) dei prezzi	นโยบาย	ná-yoh-baai
	การตั้งราคา	gaan dtâng raa-khaa
determinazione (f) dei prezzi	การตั้งราคา	gaan dtâng raa-khaa

77. Pubblicità

pubblicità (f)	การโฆษณา	gaan khôht-sà-naa
pubblicizzare (vt)	โฆษณา	khôht-sà-naa
bilancio (m) (budget)	งบประมาณ	ngóp bprà-maan

annuncio (m)	การโฆษณา	gaan khôht-sà-naa
pubblicità (f) televisiva	การโฆษณา	gaan khôht-sà-naa thaang
	ทางทีวี	thee wee
pubblicità (f) radiofonica	การโฆษณา	gaan khôht-sà-naa thaang
	ทางวิทยุ	wít-thá-yú
pubblicità (f) esterna	การโฆษณา	gaan khôht-sà-naa
	แบบกลางแจ้ง	bàep glaang jâeng

mass media (m pl)	สื่อสารมวลชน	sèu săan muan chon
periodico (m)	หนังสือรายคาบ	năng-sĕu raai khâap
immagine (f)	ภาพลักษณ์	phâap-lák
slogan (m)	คำขวัญ	kham khwăn
motto (m)	คติพจน์	khá-dtì phót

campagna (f)	การรณรงค์	gaan ron-ná-rorng
campagna (f) pubblicitaria	การรณรงค์	gaan ron-ná-rorng
	โฆษณา	khôht-sà-naa
gruppo (m) di riferimento	กลุ่มเป้าหมาย	glùm bpâo-măai

biglietto (m) da visita	นามบัตร	naam bàt
volantino (m)	ใบปลิว	bai bpliw
opuscolo (m)	โบรชัวร์	broh-chua
pieghevole (m)	แผนพับ	phàen pháp
bollettino (m)	จดหมายข่าว	jòt măai khàao

insegna (f) (di negozi, ecc.)	ป้ายร้าน	bpâai ráan
cartellone (m)	โปสเตอร์	bpòht-dtêr
tabellone (m) pubblicitario	กระดานปิดประกาศ	grà-daan bpìt bprà-gàat
	โฆษณา	khôht-sà-naa

78. Attività bancaria

banca (f)	ธนาคาร	thá-naa-khaan
filiale (f)	สาขา	săa-khăa
consulente (m)	พนักงาน	phá-nák ngaan
	ธนาคาร	thá-naa-khaan

direttore (m)	ผู้จัดการ	phôo jàt gaan
conto (m) bancario	บัญชีธนาคาร	ban-chee thá-naa-kaan
numero (m) del conto	หมายเลขบัญชี	măai lâyk ban-chee
conto (m) corrente	กระแสรายวัน	grà-săe raai wan
conto (m) di risparmio	บัญชีออมทรัพย์	ban-chee orm sáp

aprire un conto	เปิดบัญชี	bpèrt ban-chee
chiudere il conto	ปิดบัญชี	bpìt ban-chee
versare sul conto	ฝากเงินเข้าบัญชี	fàak ngern khâo ban-chee
prelevare dal conto	ถอน	thŏrn

deposito (m)	การฝาก	gaan fàak
depositare (vt)	ฝาก	fàak
trasferimento (m) telegrafico	การโอนเงิน	gaan ohn ngern
rimettere i soldi	โอนเงิน	ohn ngern

somma (f)	จำนวนเงินรวม	jam-nuan ngern ruam
Quanto?	เท่าไหร่?	thâo rài

firma (f)	ลายมือชื่อ	laai meu chêu
firmare (vt)	ลงนาม	long naam

carta (f) di credito	บัตรเครดิต	bàt khray-dìt
codice (m)	รหัส	rá-hàt
numero (m) della carta di credito	หมายเลขบัตรเครดิต	măai lâyk bàt khray-dìt
bancomat (m)	เอทีเอ็ม	ay-thee-em

assegno (m)	เช็ค	chék
emettere un assegno	เขียนเช็ค	khĭan chék
libretto (m) di assegni	สมุดเช็ค	sà-mùt chék

prestito (m)	เงินกู้	ngern gôo
fare domanda per un prestito	ขอสินเชื่อ	khŏr sĭn chêua
ottenere un prestito	กู้เงิน	gôo ngern
concedere un prestito	ให้กู้เงิน	hâi gôo ngern
garanzia (f)	การรับประกัน	gaan ráp bprà-gan

79. Telefono. Conversazione telefonica

telefono (m)	โทรศัพท์	thoh-rá-sàp
telefonino (m)	มือถือ	meu thĕu
segreteria (f) telefonica	เครื่องพูดตอบ	khrêuang phôot dtòp

telefonare (vi, vt)	โทรศัพท์	thoh-rá-sàp
chiamata (f)	การโทรศัพท์	gaan thoh-rá-sàp

comporre un numero	หมุนหมายเลขโทรศัพท์	mŭn măai lâyk thoh-rá-sàp
Pronto!	สวัสดี!	sà-wàt-dee
chiedere (domandare)	ถาม	thăam
rispondere (vi, vt)	รับสาย	ráp săai

udire (vt)	ได้ยิน	dâai yin
bene	ดี	dee

| male | ไม่ดี | mâi dee |
| disturbi (m pl) | เสียงรบกวน | sĭang róp guan |

cornetta (f)	ตัวรับสัญญาณ	dtua ráp săn-yaan
alzare la cornetta	รับสาย	ráp săai
riattaccare la cornetta	วางสาย	waang săai

occupato (agg)	ไม่ว่าง	mâi wâang
squillare (del telefono)	ดัง	dang
elenco (m) telefonico	สมุดโทรศัพท์	sà-mùt thoh-rá-sàp

locale (agg)	ในประเทศ	nai bprà-thâyt
telefonata (f) urbana	โทรในประเทศ	thoh nai bprà-thâyt
interurbano (agg)	ระยะไกล	rá-yá glai
telefonata (f) interurbana	โทรระยะไกล	thoh-rá-yá glai
internazionale (agg)	ตางประเทศ	dtàang bprà-thâyt
telefonata (f) internazionale	โทรตางประเทศ	thoh dtàang bprà-thâyt

80. Telefono cellulare

telefonino (m)	มือถือ	meu thĕu
schermo (m)	หนาจอ	nâa jor
tasto (m)	ปุ่ม	bpùm
scheda SIM (f)	ซิมการ์ด	sím gàat

pila (f)	แบตเตอรี่	bàet-dter-rêe
essere scarico	หมด	mòt
caricabatteria (m)	ที่ชารจ	thêe châat

menù (m)	เมนู	may-noo
impostazioni (f pl)	การตั้งคา	gaan dtâng khâa
melodia (f)	เสียงเพลง	sĭang phlayng
scegliere (vt)	เลือก	lêuak

calcolatrice (f)	เครื่องคิดเลข	khrêuang khít lâyk
segreteria (f) telefonica	ขอความเสียง	khôr khwaam sĭang
sveglia (f)	นาฬิกาปลุก	naa-lí-gaa bplùk
contatti (m pl)	รายชื่อผูติดตอ	raai chêu phôo dtìt dtòr

| messaggio (m) SMS | SMS | es-e-mes |
| abbonato (m) | ผูสมัครรับบริการ | phôo sà-màk ráp bor-rí-gaan |

81. Articoli di cancelleria

| penna (f) a sfera | ปากกาลูกลื่น | bpàak gaa lôok lêun |
| penna (f) stilografica | ปากกาหมึกซึม | bpàak gaa mèuk seum |

matita (f)	ดินสอ	din-sŏr
evidenziatore (m)	ปากกาเนน	bpàak gaa náyn
pennarello (m)	ปากกาเมจิค	bpàak gaa may jìk
taccuino (m)	สมุดจด	sà-mùt jòt
agenda (f)	สมุดบันทึกรายวัน	sà-mùt ban-théuk raai wan

righello (m)	ไม้บรรทัด	máai ban-thát
calcolatrice (f)	เครื่องคิดเลข	khrêuang khít lâyk
gomma (f) per cancellare	ยางลบ	yaang lóp
puntina (f)	เป๊ก	bpáyk
graffetta (f)	ลวดหนีบกระดาษ	lûat nèep grà-dàat

colla (f)	กาว	gaao
pinzatrice (f)	ที่เย็บกระดาษ	thêe yép grà-dàat
perforatrice (f)	ที่เจาะรูกระดาษ	thêe jòr roo grà-dàat
temperamatite (m)	ที่เหลาดินสอ	thêe lǎo din-sǒr

82. Generi di attività commerciali

servizi (m pl) di contabilità	บริการทำบัญชี	bor-rí-gaan tham ban-chee
pubblicità (f)	การโฆษณา	gaan khôht-sà-naa
agenzia (f) pubblicitaria	บริษัทโฆษณา	bor-rí-sàt khôht-sà-naa
condizionatori (m pl) d'aria	เครื่องปรับอากาศ	khrêuang bpràp-aa-gàat
compagnia (f) aerea	สายการบิน	sǎai gaan bin

bevande (f pl) alcoliche	เครื่องดื่มแอลกอฮอล์	khrêuang dèum aen-gor-hor
antiquariato (m)	ของเก่า	khǒrng gào
galleria (f) d'arte	หอศิลป์	hǒr sǐn
società (f)	บริการตรวจ	bor-rí-gaan dtrùat
di revisione contabile	สอบบัญชี	sòrp ban-chee

imprese (f pl) bancarie	การธนาคาร	gaan thá-naa-khaan
bar (m)	บาร์	baa
salone (m) di bellezza	ช่างเสริมสวย	châang sěrm sǔay
libreria (f)	ร้านขายหนังสือ	ráan khǎai nǎng-sěu
birreria (f)	โรงงานต้มเหล้า	rohng ngaan dtôm lâu
business centre (m)	ศูนย์ธุรกิจ	sǒon thú-rá gìt
scuola (f) di commercio	โรงเรียนธุรกิจ	rohng rian thú-rá gìt

casinò (m)	คาสิโน	khaa-sì-noh
edilizia (f)	การก่อสร้าง	gaan gòr sâang
consulenza (f)	การปรึกษา	gaan bprèuk-sǎa

odontoiatria (f)	คลินิกทันตกรรม	khlí-nìk than-ta-gam
design (m)	การออกแบบ	gaan òrk bàep
farmacia (f)	ร้านขายยา	ráan khǎai yaa
lavanderia (f) a secco	ร้านซักแห้ง	ráan sák hâeng
agenzia (f) di collocamento	สำนักงาน	sǎm-nák ngaan
	จัดหางาน	jàt hǎa ngaan

servizi (m pl) finanziari	บริการด้านการเงิน	bor-rí-gaan dâan gaan ngern
industria (f) alimentare	ผลิตภัณฑ์อาหาร	phà-lìt-dtà-phan aa hǎan
agenzia (f) di pompe funebri	บริษัทรับจัดงานศพ	bor-rí-sàt ráp jàt ngaan sòp
mobili (m pl)	เครื่องเรือน	khrêuang reuan
abbigliamento (m)	เสื้อผ้า	sêua phâa
albergo, hotel (m)	โรงแรม	rohng raem

gelato (m)	ไอศกรีม	ai-sà-greem
industria (f)	อุตสาหกรรม	út-saa há-gam
assicurazione (f)	การประกัน	gaan bprà-gan

internet (f)	อินเทอร์เน็ต	in-thêr-nét
investimenti (m pl)	การลงทุน	gaan long thun
gioielliere (m)	ช่างทำเครื่อง เพชรพลอย	châang tham khrêuang phét phloi
gioielli (m pl)	เครื่องเพชรพลอย	khrêuang phét phloi
lavanderia (f)	โรงซักรีดผ้า	rohng sák rêet phâa
consulente (m) legale	คนที่ปรึกษา ทางกฎหมาย	khon thêe bprèuk-sǎa thaang gòt mǎai
industria (f) leggera	อุตสาหกรรมเบา	ùt-sǎa-hà-gam bao
rivista (f)	นิตยสาร	nít-dtà-yá-sǎan
vendite (f pl) per corrispondenza	การขายสินค้า ทางไปรษณีย์	gaan khǎai sǐn kháa thaang bprai-sà-nee
medicina (f)	การแพทย์	gaan phâet
cinema (m)	โรงภาพยนตร์	rohng phâap-phá-yon
museo (m)	พิพิธภัณฑ์	phí-phítha phan
agenzia (f) di stampa	สำนักข่าว	sǎm-nák khàao
giornale (m)	หนังสือพิมพ์	nǎng-sěu phim
locale notturno (m)	ไนท์คลับ	nai-khláp
petrolio (m)	น้ำมัน	nám man
corriere (m) espresso	บริการจัดส่ง	bor-rí-gaan jàt sòng
farmaci (m pl)	เภสัชกรรม	phay-sàt-cha -gam
stampa (f) (~ di libri)	สิ่งพิมพ์	sìng phim
casa (f) editrice	สำนักพิมพ์	sǎm-nák phim
radio (f)	วิทยุ	wít-thá-yú
beni (m pl) immobili	อสังหาริมทรัพย์	a-sǎng-hǎa-rim-má-sáp
ristorante (m)	ร้านอาหาร	ráan aa-hǎan
agenzia (f) di sicurezza	บริษัทรักษา ความปลอดภัย	bor-rí-sàt rák-sǎa khwaam bplòrt phai
sport (m)	กีฬา	gee-laa
borsa (f)	ตลาดหลักทรัพย์	dtà-làat làk sáp
negozio (m)	ร้านค้า	ráan kháa
supermercato (m)	ซูเปอร์มาร์เก็ต	soo-bper-maa-gèt
piscina (f)	สระว่ายน้ำ	sà wâai náam
sartoria (f)	ร้านตัดเสื้อ	ráan dtàt sêua
televisione (f)	โทรทัศน์	thoh-rá-thát
teatro (m)	โรงละคร	rohng lá-khon
commercio (m)	การค้าขาย	gaan kháa kǎai
mezzi (m pl) di trasporto	การขนส่ง	gaan khǒn sòng
viaggio (m)	การท่องเที่ยว	gaan thôrng thîeow
veterinario (m)	สัตวแพทย์	sàt phâet
deposito, magazzino (m)	โกดังเก็บสินค้า	goh-dang gèp sǐn kháa
trattamento (m) dei rifiuti	การเก็บขยะ	gaan gèp khà-yà

Lavoro. Affari. Parte 2

83. Spettacolo. Mostra

fiera (f)	งานแสดง	ngaan sà-daeng
fiera (f) campionaria	งานแสดงสินค้า	ngaan sà-daeng sĭn kháa
partecipazione (f)	การเข้าร่วม	gaan khâo rûam
partecipare (vi)	เข้าร่วมใน	khâo rûam nai
partecipante (m)	ผู้เข้าร่วม	phôo khâo rûam
direttore (m)	ผู้อำนวยการ	phôo am-nuay gaan
ufficio (m) organizzativo	สำนักงานผู้จัด	sǎm-nák ngaan phôo jàt
organizzatore (m)	ผู้จัด	phôo jàt
organizzare (vt)	จัด	jàt
domanda (f) di partecipazione	แบบฟอร์มลงทะเบียน	bàep form long thá-bian
riempire (vt)	กรอก	gròrk
dettagli (m pl)	รายละเอียด	raai lá-ìat
informazione (f)	ขอมูล	khôr moon
prezzo (m)	ราคา	raa-khaa
incluso (agg)	รวมถึง	ruam thĕung
includere (vt)	รวม	ruam
pagare (vi, vt)	จ่าย	jàai
quota (f) d'iscrizione	ค่าลงทะเบียน	khâa long thá-bian
entrata (f)	ทางเข้า	thaang khâo
padiglione (m)	ศาลา	sǎa-laa
registrare (vt)	ลงทะเบียน	long thá-bian
tesserino (m)	ป้ายชื่อ	bpâai chêu
stand (m)	บูธแสดงสินค้า	bòot sà-daeng sĭn kháa
prenotare (riservare)	จอง	jorng
vetrina (f)	ตู้โชว์สินค้า	dtôo choh sĭn kháa
faretto (m)	ไฟรวมแสงบนเวที	fai ruam sǎeng bon way-thee
design (m)	การออกแบบ	gaan òrk bàep
collocare (vt)	วาง	waang
collocarsi (vr)	ถูกตั้ง	thòok dtâng
distributore (m)	ผู้จัดจำหน่าย	phôo jàt jam-nàai
fornitore (m)	ผู้จัดหา	phôo jàt hǎa
fornire (vt)	จัดหา	jàt hǎa
paese (m)	ประเทศ	bprà-thâyt
straniero (agg)	ตางชาติ	dtàang châat
prodotto (m)	ผลิตภัณฑ์	phà-lìt-dtà-phan
associazione (f)	สมาคม	sà-maa khom
sala (f) conferenze	ห้องประชุม	hôrng bprà-chum

congresso (m)	การประชุม	gaan bprà-chum
concorso (m)	การแข่งขัน	gaan khàeng khǎn
visitatore (m)	ผู้เข้าร่วม	phôo khâo rûam
visitare (vt)	เข้าร่วม	khâo rûam
cliente (m)	ลูกค้า	lôok kháa

84. Scienza. Ricerca. Scienziati

scienza (f)	วิทยาศาสตร์	wít-thá-yaa sàat
scientifico (agg)	ทางวิทยาศาสตร์	thaang wít-thá-yaa sàat
scienziato (m)	นักวิทยาศาสตร์	nák wít-thá-yaa sàat
teoria (f)	ทฤษฎี	thrít-sà-dee

assioma (m)	สัจพจน์	sàt-jà-phót
analisi (f)	การวิเคราะห์	gaan wí-khrór
analizzare (vt)	วิเคราะห์	wí-khrór
argomento (m)	ข้อโต้แย้ง	khôr dtôh yáeng
sostanza, materia (f)	สาร	sǎan

ipotesi (f)	สมมติฐาน	sǒm-mút thǎan
dilemma (m)	โจทย์	jòht
tesi (f)	ปริญญานิพนธ์	bpà-rin-yaa ní-phon
dogma (m)	หลัก	làk

dottrina (f)	หลักคำสอน	làk kham sǒrn
ricerca (f)	การวิจัย	gaan wí-jai
fare ricerche	วิจัย	wí-jai
prova (f)	การควบคุม	gaan khûap khum
laboratorio (m)	หองทดลอง	hôrng thót lorng

metodo (m)	วิธี	wí-thee
molecola (f)	โมเลกุล	moh-lay-gun
monitoraggio (m)	การเฝ้าสังเกต	gaan fâo sǎng-gàyt
scoperta (f)	การค้นพบ	gaan khón phóp

postulato (m)	สัจพจน์	sàt-jà-phót
principio (m)	หลักการ	làk gaan
previsione (f)	การคาดการณ์	gaan khâat gaan
fare previsioni	คาดการณ์	khâat gaan

sintesi (f)	การสังเคราะห์	gaan sǎng-khrór
tendenza (f)	แนวโน้ม	naew nóhm
teorema (m)	ทฤษฎีบท	thrít-sà-dee bòt

insegnamento (m)	คำสอน	kham sǒrn
fatto (m)	ข้อเท็จจริง	khôr thét jing
spedizione (f)	การสำรวจ	gaan sǎm-rùat
esperimento (m)	การทดลอง	gaan thót lorng

accademico (m)	นักวิชาการ	nák wí-chaa gaan
laureato (m)	บัณฑิต	ban-dìt
dottore (m)	ดุษฎีบัณฑิต	dùt-sà-dee ban-dìt
professore (m) associato	รองศาสตราจารย์	rorng sàat-sà-dtraa-jaan

| Master (m) | มหาบัณฑิต | má-hǎa ban-dìt |
| professore (m) | ศาสตราจารย์ | sàat-sà-dtraa-jaan |

Professioni e occupazioni

85. Ricerca di un lavoro. Licenziamento

lavoro (m)	งาน	ngaan
organico (m)	พนักงาน	phá-nák ngaan
personale (m)	พนักงาน	phá-nák ngaan
carriera (f)	อาชีพ	aa-chêep
prospettiva (f)	โอกาส	oh-gàat
abilità (f pl)	ทักษะ	thák-sà
selezione (f) (~ del personale)	การคัดเลือก	gaan khát lêuak
agenzia (f) di collocamento	สำนักงาน	sǎm-nák ngaan
	จัดหางาน	jàt hǎa ngaan
curriculum vitae (f)	ประวัติย่อ	bprà-wàt yôr
colloquio (m)	สัมภาษณ์งาน	sǎm-phâat ngaan
posto (m) vacante	ตำแหน่งว่าง	dtam-nàeng wâang
salario (m)	เงินเดือน	ngern deuan
stipendio (m) fisso	เงินเดือน	ngern deuan
compenso (m)	ค่าแรง	khâa raeng
carica (f), funzione (f)	ตำแหน่ง	dtam-nàeng
mansione (f)	หน้าที่	nâa thêe
mansioni (f pl) di lavoro	หน้าที่	nâa thêe
occupato (agg)	ไม่ว่าง	mâi wâang
licenziare (vt)	ไล่ออก	lâi òrk
licenziamento (m)	การไล่ออก	gaan lâi òrk
disoccupazione (f)	การว่างงาน	gaan wâang ngaan
disoccupato (m)	คนว่างงาน	khon wâang ngaan
pensionamento (m)	การเกษียณอายุ	gaan gà-sǐan aa-yú
andare in pensione	เกษียณ	gà-sǐan

86. Gente d'affari

direttore (m)	ผู้อำนวยการ	phôo am-nuay gaan
dirigente (m)	ผู้จัดการ	phôo jàt gaan
capo (m)	หัวหน้า	hǔa-nâa
superiore (m)	ผู้บังคับบัญชา	phôo bang-kháp ban-chaa
capi (m pl)	คณะผู้บังคับ	khá-ná phôo bang-kháp
	บัญชา	ban-chaa
presidente (m)	ประธานาธิปดี	bprà-thaa-naa-thí-bor-dee
presidente (m) (impresa)	ประธาน	bprà-thaan
vice (m)	รอง	rorng

assistente (m)	ผู้ช่วย	phôo chûay
segretario (m)	เลขา	lay-khǎa
assistente (m) personale	ผู้ช่วยส่วนบุคคล	phôo chûay sùan bùk-khon
uomo (m) d'affari	นักธุรกิจ	nák thú-rá-gìt
imprenditore (m)	ผู้ประกอบการ	phôo bprà-gòp gaan
fondatore (m)	ผู้ก่อตั้ง	phôo gòr dtâng
fondare (vt)	ก่อตั้ง	gòr dtâng
socio (m)	ผู้ก่อตั้ง	phôo gòr dtâng
partner (m)	หุ้นส่วน	hûn sùan
azionista (m)	ผู้ถือหุ้น	phôo thěu hûn
milionario (m)	เศรษฐีเงินล้าน	sàyt-thěe ngern láan
miliardario (m)	มหาเศรษฐี	má-hǎa sàyt-thěe
proprietario (m)	เจ้าของ	jâo khǒrng
latifondista (m)	เจ้าของที่ดิน	jâo khǒrng thêe din
cliente (m) (di professionista)	ลูกค้า	lôok kháa
cliente (m) abituale	ลูกค้าประจำ	lôok kháa bprà-jam
compratore (m)	ลูกค้า	lôok kháa
visitatore (m)	ผู้เข้าร่วม	phôo khâo rûam
professionista (m)	ผู้เป็นมืออาชีพ	phôo bpen meu aa-chêep
esperto (m)	ผู้เชี่ยวชาญ	phôo chîeow-chaan
specialista (m)	ผู้ชำนาญ	phôo cham-naan
	เฉพาะทาง	chà-phó thaang
banchiere (m)	พนักงาน	phá-nák ngaan
	ธนาคาร	thá-naa-khaan
broker (m)	นายหน้า	naai nâa
cassiere (m)	แคชเชียร์	khâet chia
contabile (m)	นักบัญชี	nák ban-chee
guardia (f) giurata	ยาม	yaam
investitore (m)	ผู้ลงทุน	phôo long thun
debitore (m)	ลูกหนี้	lôok nêe
creditore (m)	เจ้าหนี้	jâo nêe
mutuatario (m)	ผู้ยืม	phôo yeum
importatore (m)	ผู้นำเข้า	phôo nam khâo
esportatore (m)	ผู้ส่งออก	phôo sòng òrk
produttore (m)	ผู้ผลิต	phôo phà-lìt
distributore (m)	ผู้จัดจำหน่าย	phôo jàt jam-nàai
intermediario (m)	คนกลาง	khon glaang
consulente (m)	ที่ปรึกษา	thêe bprèuk-sǎa
rappresentante (m)	พนักงานขาย	phá-nák ngaan khǎai
agente (m)	ตัวแทน	dtua thaen
assicuratore (m)	ตัวแทนประกัน	dtua thaen bprà-gan

87. Professioni amministrative

cuoco (m)	คูนครัว	khon khrua
capocuoco (m)	กุก	gúk
fornaio (m)	ช่างอบขนมปัง	châang òp khà-nŏm bpang
barista (m)	บาร์เทนเดอร์	baa-thayn-dêr
cameriere (m)	พนักงานเสิร์ฟชาย	phá-nák ngaan sèrf chaai
cameriera (f)	พนักงานเสิร์ฟหญิง	phá-nák ngaan sèrf yĭng
avvocato (m)	ทนายความ	thá-naai khwaam
esperto (m) legale	นักกฎหมาย	nák gòt măai
notaio (m)	พนักงานจดทะเบียน	phá-nák ngaan jòt thá-bian
elettricista (m)	ช่างไฟฟ้า	châang fai-fáa
idraulico (m)	ช่างปะปา	châang bprà-bpaa
falegname (m)	ช่างไม้	châang máai
massaggiatore (m)	หมอนวดชาย	mŏr nûat chaai
massaggiatrice (f)	หมอนวดหญิง	mŏr nûat yĭng
medico (m)	แพทย์	phâet
taxista (m)	คนขับแท็กซี่	khon khàp tháek-sêe
autista (m)	คนขับ	khon khàp
fattorino (m)	คนส่งของ	khon sòng khŏrng
cameriera (f)	แม่บ้าน	mâe bâan
guardia (f) giurata	ยาม	yaam
hostess (f)	พนักงวนต้อนรับ บนเครื่องบิน	phá-nák ngaan dtôrn ráp bon khrêuang bin
insegnante (m, f)	อาจารย์	aa-jaan
bibliotecario (m)	บรรณารักษ์	ban-naa-rák
traduttore (m)	นักแปล	nák bplae
interprete (m)	ล่าม	lâam
guida (f)	มัคคุเทศก์	mák-khú-thâyt
parrucchiere (m)	ช่างทำผม	châang tham phŏm
postino (m)	บุรุษไปรษณีย์	bù-rùt bprai-sà-nee
commesso (m)	คนขายของ	khon khăai khŏrng
giardiniere (m)	ชาวสวน	chaao sŭan
domestico (m)	คนใช้	khon chái
domestica (f)	สาวใช้	săao chái
donna (f) delle pulizie	คนทำความสะอาด	khon tham khwaam sà-àat

88. Professioni militari e gradi

soldato (m) semplice	พลทหาร	phon-thá-hăan
sergente (m)	สิบเอก	sìp àyk
tenente (m)	ร้อยโท	rói thoh
capitano (m)	ร้อยเอก	rói àyk
maggiore (m)	พลตรี	phon-dtree

colonnello (m)	พันเอก	phan àyk
generale (m)	นายพล	naai phon
maresciallo (m)	จอมพล	jorm phon
ammiraglio (m)	พลเรือเอก	phon reua àyk

militare (m)	ทางทหาร	thaang thá-hǎan
soldato (m)	ทหาร	thá-hǎan
ufficiale (m)	นายทหาร	naai thá-hǎan
comandante (m)	ผู้บัญชาการ	phôo ban-chaa gaan

guardia (f) di frontiera	ยามเฝ้าชายแดน	yaam fâo chaai daen
marconista (m)	พลวิทยุ	phon wít-thá-yú
esploratore (m)	ทหารพราน	thá-hǎan phraan
geniere (m)	ทหารช่าง	thá-hǎan châang
tiratore (m)	พลแม่นปืน	phon mâen bpeun
navigatore (m)	ตนหน	dtôn hǒn

89. Funzionari. Sacerdoti

| re (m) | กษัตริย์ | gà-sàt |
| regina (f) | ราชินี | raa-chí-nee |

| principe (m) | เจ้าชาย | jâo chaai |
| principessa (f) | เจาหญิง | jâo yǐng |

| zar (m) | ซาร์ | saa |
| zarina (f) | ซารีนา | saa-ree-naa |

presidente (m)	ประธานาธิบดี	bprà-thaa-naa-thí-bor-dee
ministro (m)	รัฐมนตรี	rát-thà-mon-dtree
primo ministro (m)	นายกรัฐมนตรี	naa-yók rát-thà-mon-dtree
senatore (m)	สมาชิกวุฒิสภา	sà-maa-chík wút-thí sà-phaa

diplomatico (m)	นักการทูต	nák gaan thôot
console (m)	กงสุล	gong-sǔn
ambasciatore (m)	เอกอัครราชทูต	àyk-gà-àk-krá-râat-chá-tôot
consigliere (m)	เจาหน้าที่การทูต	jâo nâa-thêe gaan thôot

funzionario (m)	ข้าราชการ	khâa râat-chá-gaan
prefetto (m)	เจาหน้าที่	jâo nâa-thêe
sindaco (m)	นายกเทศมนตรี	naa-yók thâyt-sà-mon-dtree

| giudice (m) | ผู้พิพากษา | phôo phí-phâak-sǎa |
| procuratore (m) | อัยการ | ai-yá-gaan |

| missionario (m) | ผู้สอนศาสนา | phôo sǒrn sàat-sà-nǎa |
| monaco (m) | พระ | phrá |

| abate (m) | เจ้าอาวาส | jâo aa-wâat |
| rabbino (m) | พระในศาสนายิว | phrá nai sàat-sà-nǎa yiw |

visir (m)	วีซีร์	wee see
scià (m)	กษัตริย์อิหร่าน	gà-sàt i-ràan
sceicco (m)	หัวหน้าเผาอาหรับ	hǔa nâa phào aa-ràp

90. Professioni agricole

apicoltore (m)	คนเลี้ยงผึ้ง	khon líang phêung
pastore (m)	คนเลี้ยงปศุสัตว์	khon líang bpà-sù-sàt
agronomo (m)	นักปฐพีวิทยา	nák bpà-tà-phee wít-thá-yaa
allevatore (m) di bestiame	ผู้ขยายพันธุ์สัตว์	phôo khà-yǎai phan sàt
veterinario (m)	สัตวแพทย์	sàt phâet
fattore (m)	ชาวนา	chaao naa
vinificatore (m)	ผู้ผลิตไวน์	phôo phà-lìt wai
zoologo (m)	นักสัตววิทยา	nák sàt wít-thá-yaa
cowboy (m)	โคบาล	khoh-baan

91. Professioni artistiche

attore (m)	นักแสดงชาย	nák sà-daeng chaai
attrice (f)	นักแสดงหญิง	nák sà-daeng yǐng
cantante (m)	นักร้องชาย	nák rórng chaai
cantante (f)	นักรองหญิง	nák rórng yǐng
danzatore (m)	นักเต้นชาย	nák dtên chaai
ballerina (f)	นักเตนหญิง	nák dtên yǐng
artista (m)	นักแสดงชาย	nák sà-daeng chaai
artista (f)	นักแสดงหญิง	nák sà-daeng yǐng
musicista (m)	นักดนตรี	nák don-dtree
pianista (m)	นักเปียโน	nák bpia noh
chitarrista (m)	ผู้เลนกีตาร์	phôo lên gee-dtâa
direttore (m) d'orchestra	ผู้ควบคุม วงดนตรี	phôo khûap khum wong don-dtree
compositore (m)	นักแต่งเพลง	nák dtàeng phlayng
impresario (m)	ผู้ควบคุม การแสดง	phôo khûap khum gaan sà-daeng
regista (m)	ผู้กำกับ ภาพยนตร์	phôo gam-gàp phâap-phá-yon
produttore (m)	ผู้อำนวยการสร้าง	phôo am-nuay gaan sâang
sceneggiatore (m)	คนเขียนบท ภาพยนตร์	khon khǐan bòt phâap-phá-yon
critico (m)	นักวิจารณ์	nák wí-jaan
scrittore (m)	นักเขียน	nák khǐan
poeta (m)	นักกวี	nák gà-wee
scultore (m)	ช่างสลัก	châang sà-làk
pittore (m)	ช่างวาดรูป	châang wâat rôop
giocoliere (m)	นักมายากล โยนของ	nák maa-yaa gon yohn khǒrng
pagliaccio (m)	ตัวตลก	dtua dtà-lòk
acrobata (m)	นักกายกรรม	nák gaai-yá-gam
prestigiatore (m)	นักเลนกล	nák lên gon

92. Professioni varie

medico (m)	แพทย์	phâet
infermiera (f)	พยาบาล	phá-yaa-baan
psichiatra (m)	จิตแพทย์	jìt-dtà-phâet
dentista (m)	ทันตแพทย์	than-dtà phâet
chirurgo (m)	ศัลยแพทย์	sǎn-yá-phâet
astronauta (m)	นักบินอวกาศ	nák bin a-wá-gàat
astronomo (m)	นักดาราศาสตร์	nák daa-raa sàat
pilota (m)	นักบิน	nák bin
autista (m)	คนขับ	khon khàp
macchinista (m)	คุนขับรถไฟ	khon khàp rót fai
meccanico (m)	ช่างเครื่อง	châang khrêuang
minatore (m)	คนงานเหมือง	khon ngaan měuang
operaio (m)	คุนงาน	khon ngaan
operaio (m) metallurgico	ช่างโลหะ	châang loh-hà
falegname (m)	ช่างไม้	châang máai
tornitore (m)	ช่างกลึง	châang gleung
operaio (m) edile	คุนงานก่อสร้าง	khon ngaan gòr sâang
saldatore (m)	ช่างเชื่อม	châang chêuam
professore (m)	ศาสตราจารย์	sàat-sà-dtraa-jaan
architetto (m)	สถาปนิก	sà-thǎa-bpà-ník
storico (m)	นักประวัติศาสตร์	nák bprà-wàt sàat
scienziato (m)	นักวิทยาศาสตร์	nák wít-thá-yaa sàat
fisico (m)	นักฟิสิกส์	nák fí-sìk
chimico (m)	นักเคมี	nák khay-mee
archeologo (m)	นักโบราณคดี	nák boh-raan-ná-khá-dee
geologo (m)	นักธรณีวิทยา	nák thor-rá-nee wít-thá-yaa
ricercatore (m)	ผู้วิจัย	phôo wí-jai
baby-sitter (m, f)	พี่เลี้ยงเด็ก	phêe líang dèk
insegnante (m, f)	อาจารย์	aa-jaan
redattore (m)	บรรณาธิการ	ban-naa-thí-gaan
redattore capo (m)	หัวหน้าบรรณาธิการ	hǔa nâa ban-naa-thí-gaan
corrispondente (m)	ผู้สื่อข่าว	phôo sèu khàao
dattilografa (f)	พนักงานพิมพ์ดีด	phá-nák ngaan phim dèet
designer (m)	นักออกแบบ	nák òrk bàep
esperto (m) informatico	ผู้เชี่ยวชาญด้าน คอมพิวเตอร์	pôo chîeow-chaan dâan khorm-piw-dtêr
programmatore (m)	นักเขียนโปรแกรม	nák khǐan bproh-graem
ingegnere (m)	วิศวกร	wít-sà-wá-gon
marittimo (m)	กะลาสี	gà-laa-sěe
marinaio (m)	คนเรือ	khon reua
soccorritore (m)	นักกู้ภัย	nák gôo phai
pompiere (m)	เจ้าหน้าที่ดับเพลิง	jâo nâa-thêe dàp phlerng
poliziotto (m)	เจาหนาที่ตำรวจ	jâo nâa-thêe dtam-rùat

guardiano (m)	คนยาม	khon yaam
detective (m)	นักสืบ	nák sèup
doganiere (m)	เจ้าหน้าที่ศุลกากร	jâo nâa-thêe sǔn-lá-gaa-gon
guardia (f) del corpo	ผู้คุมกัน	phôo khúm gan
guardia (f) carceraria	ผู้คุม	phôo khum
ispettore (m)	ผู้ตรวจการ	phôo dtrùat gaan
sportivo (m)	นักกีฬา	nák gee-laa
allenatore (m)	โค้ช	khóht
macellaio (m)	คนขายเนื้อ	khon khǎai néua
calzolaio (m)	คนซ่อมรองเท้า	khon sôrm rorng tháo
uomo (m) d'affari	คนคา	khon kháa
caricatore (m)	คนงานยกของ	khon ngaan yók khǒrng
stilista (m)	นักออกแบบแฟชั่น	nák òrk bàep fae-chân
modella (f)	นางแบบ	naang bàep

93. Attività lavorative. Condizione sociale

scolaro (m)	นักเรียน	nák rian
studente (m)	นักศึกษา	nák sèuk-sǎa
filosofo (m)	นักปราชญ์	nák bpràat
economista (m)	นักเศรษฐศาสตร์	nák sàyt-thà-sàat
inventore (m)	นักประดิษฐ์	nák bprà-dìt
disoccupato (m)	คนว่างงาน	khon wâang ngaan
pensionato (m)	ผู้เกษียณอายุ	phôo gà-sǐan aa-yú
spia (f)	สายลับ	sǎai láp
detenuto (m)	นักโทษ	nák thôht
scioperante (m)	คนนัดหยุดงาน	kon nát yùt ngaan
burocrate (m)	อำมาตย์	am-màat
viaggiatore (m)	นักเดินทาง	nák dern-thaang
omosessuale (m)	ผู้รักเพศเดียวกัน	phôo rák phâyt dieow gan
hacker (m)	แฮ็กเกอร์	háek-gêr
hippy (m, f)	ฮิปปี้	híp-bpêe
bandito (m)	โจร	john
sicario (m)	นักฆ่า	nák khâa
drogato (m)	ผู้ติดยาเสพติด	phôo dtìt yaa-sàyp-dtìt
trafficante (m) di droga	ผู้ค้ายาเสพติด	phôo kháa yaa-sàyp-dtìt
prostituta (f)	โสเภณี	sǒh-phay-nee
magnaccia (m)	แมงดา	maeng-daa
stregone (m)	พ่อมด	phôr mót
strega (f)	แมมด	mâe mót
pirata (m)	โจรสลัด	john sà-làt
schiavo (m)	ทาส	thâat
samurai (m)	ซามูไร	saa-moo-rai
selvaggio (m)	คนป่าเถื่อน	khon bpàa thèuan

Istruzione

94. Scuola

scuola (f)	โรงเรียน	rohng rian
direttore (m) di scuola	อาจารย์ใหญ่	aa-jaan yài
allievo (m)	นักเรียน	nák rian
allieva (f)	นักเรียน	nák rian
scolaro (m)	เด็กนักเรียนชาย	dèk nák rian chaai
scolara (f)	เด็กนักเรียนหญิง	dèk nák rian yĭng
insegnare (qn)	สอน	sŏrn
imparare (una lingua)	เรียน	rian
imparare a memoria	ท่องจำ	thôrng jam
studiare (vi)	เรียน	rian
frequentare la scuola	ไปโรงเรียน	bpai rohng rian
andare a scuola	ไปโรงเรียน	bpai rohng rian
alfabeto (m)	ตัวอักษร	dtua àk-sŏn
materia (f)	วิชา	wí-chaa
classe (f)	ห้องเรียน	hôrng rian
lezione (f)	ชั่วโมงเรียน	chûa mohng rian
ricreazione (f)	ช่วงพัก	chûang phák
campanella (f)	สัญญาณหมดเรียน	săn-yaan mòt rian
banco (m)	โต๊ะนักเรียน	dtó nák rian
lavagna (f)	กระดานดำ	grà-daan dam
voto (m)	เกรด	gràyt
voto (m) alto	เกรดดี	gràyt dee
voto (m) basso	เกรดแย่	gràyt yâe
dare un voto	ให้เกรด	hâi gràyt
errore (m)	ข้อผิดพลาด	khôr phìt phlâat
fare errori	ทำผิดพลาด	tham phìt phlâat
correggere (vt)	แก้ไข	gâe khăi
bigliettino (m)	โพย	phoi
compiti (m pl)	การบ้าน	gaan bâan
esercizio (m)	แบบฝึกหัด	bàep fèuk hàt
essere presente	มาเรียน	maa rian
essere assente	ขาด	khàat
mancare le lezioni	ขาดเรียน	khàat rian
punire (vt)	ลงโทษ	long thôht
punizione (f)	การลงโทษ	gaan long thôht
comportamento (m)	ความประพฤติ	khwaam bprà-préut

pagella (f)	สมุดพก	sà-mùt phók
matita (f)	ดินสอ	din-sǒr
gomma (f) per cancellare	ยางลบ	yaang lóp
gesso (m)	ชอลค	chôrk
astuccio (m) portamatite	กลองดินสอ	glòrng din-sǒr

cartella (f)	กระเป๋า	grà-bpǎo
penna (f)	ปากกา	bpàak gaa
quaderno (m)	สมุดจด	sà-mùt jòt
manuale (m)	หนังสือเรียน	nǎng-sěu rian
compasso (m)	วงเวียน	wong wian

disegnare (tracciare)	รางภาพทางเทคนิค	râang phâap thaang thék-nìk
disegno (m) tecnico	ภาพรางทางเทคนิค	phâap-râang thaang thék-nìk

poesia (f)	กลอน	glorn
a memoria	โดยทองจำ	doi thôrng jam
imparare a memoria	ทองจำ	thôrng jam

vacanze (f pl) scolastiche	เวลาปิดเทอม	way-laa bpìt therm
essere in vacanza	หยุดปิดเทอม	yùt bpìt therm
passare le vacanze	ใชเวลาหยุดปิดเทอม	chái way-laa yùt bpìt therm

prova (f) scritta	การทดสอบ	gaan thót sòrp
composizione (f)	ความเรียง	khwaam riang
dettato (m)	การเขียนตามคำบอก	gaan khǐan dtaam kam bòrk
esame (m)	การสอบ	gaan sòrp
sostenere un esame	สอบไล	sòrp lâi
esperimento (m)	การทดลอง	gaan thót lorng

95. Istituto superiore. Università

accademia (f)	โรงเรียน	rohng rian
università (f)	มหาวิทยาลัย	má-hǎa wít-thá-yaa-lai
facoltà (f)	คณะ	khá-ná

studente (m)	นักศึกษา	nák sèuk-sǎa
studentessa (f)	นักศึกษา	nák sèuk-sǎa
docente (m, f)	อาจารย	aa-jaan

aula (f)	ห้องบรรยาย	hôrng ban-yaai
diplomato (m)	บัณฑิต	ban-dìt

diploma (m)	อนุปริญญา	a-nú bpà-rin-yaa
tesi (f)	ปริญญานิพนธ	bpà-rin-yaa ní-phon

ricerca (f)	การวิจัย	gaan wí-jai
laboratorio (m)	หองปฏิบัติการ	hôrng bpà-dtì-bàt gaan

lezione (f)	การบรุรยาย	gaan ban-yaai
compagno (m) di corso	เพื่อนรวมชั้น	phêuan rûam chán

borsa (f) di studio	ทุน	thun
titolo (m) accademico	วุฒิการศึกษา	wút-thí gaan sèuk-sǎa

96. Scienze. Discipline

matematica (f)	คณิตศาสตร์	khá-nít sàat
algebra (f)	พีชคณิต	phee-chá-khá-nít
geometria (f)	เรขาคณิต	ray-khǎa khá-nít

astronomia (f)	ดาราศาสตร์	daa-raa sàat
biologia (f)	ชีววิทยา	chee-wá-wít-thá-yaa
geografia (f)	ภูมิศาสตร์	phoo-mí-sàat
geologia (f)	ธรณีวิทยา	thor-rá-nee wít-thá-yaa
storia (f)	ประวัติศาสตร์	bprà-wàt sàat

medicina (f)	แพทยศาสตร์	phâet-tha-ya-sàat
pedagogia (f)	ครุศาสตร์	khrú sàat
diritto (m)	ธรรมศาสตร์	tham-ma -sàat

fisica (f)	ฟิสิกส์	fí-sìk
chimica (f)	เคมี	khay-mee
filosofia (f)	ปรัชญา	bpràt-yaa
psicologia (f)	จิตวิทยา	jìt-wít-thá-yaa

97. Sistema di scrittura. Ortografia

grammatica (f)	ไวยากรณ์	wai-yaa-gon
lessico (m)	คำศัพท	kham sàp
fonetica (f)	การออกเสียง	gaan òrk sǐang

sostantivo (m)	นาม	naam
aggettivo (m)	คำคุณศัพท์	kham khun-ná-sàp
verbo (m)	กริยา	grì-yaa
avverbio (m)	คำวิเศษณ์	kham wí-sàyt

pronome (m)	คำสรรพนาม	kham sàp-phá-naam
interiezione (f)	คำอุทาน	kham u-thaan
preposizione (f)	คำบุพบท	kham bùp-phá-bòt

radice (f)	รากศัพท์	râak sàp
desinenza (f)	คำลงท้าย	kham long tháai
prefisso (m)	คำนำหน้า	kham nam nâa
sillaba (f)	พยางค์	phá-yaang
suffisso (m)	คำเสริมท้าย	kham sěrm tháai

| accento (m) | เครื่องหมายเน้น | khrêuang mǎai náyn |
| apostrofo (m) | อะพอสทรอฟี | à-phor-sòt-ror-fee |

punto (m)	จุด	jùt
virgola (f)	จุลภาค	jun-lá-phâak
punto (m) e virgola	อัฒภาค	àt-thá-phâak
due punti	ทวิภาค	thá-wí phâak
puntini di sospensione	การละไว้	gaan lá wái

| punto (m) interrogativo | เครื่องหมายปรัศนี | khrêuang mǎai bpràt-nee |
| punto (m) esclamativo | เครื่องหมายอัศเจรีย์ | khrêuang mǎai àt-sà-jay-ree |

virgolette (f pl)	อัญประกาศ	an-yá-bprà-gàat
tra virgolette	ในอัญประกาศ	nai an-yá-bprà-gàat
parentesi (f pl)	วงเล็บ	wong lép
tra parentesi	ในวงเล็บ	nai wong lép
trattino (m)	ยัติภังค์	yát-dtì-phang
lineetta (f)	ขีดคั่น	khèet khân
spazio (m) (tra due parole)	ช่องไฟ	chôrng fai
lettera (f)	ตัวอักษร	dtua àk-sŏn
lettera (f) maiuscola	อักษรตัวใหญ่	àk-sŏn dtua yài
vocale (f)	สระ	sà-ra
consonante (f)	พยัญชนะ	phá-yan-chá-ná
proposizione (f)	ประโยค	bprà-yòhk
soggetto (m)	ภาคประธาน	phâak bprà-thaan
predicato (m)	ภาคแสดง	phâak sà-daeng
riga (f)	บรรทัด	ban-thát
a capo	ที่บรรทัดใหม่	têe ban-thát mài
capoverso (m)	วรรค	wák
parola (f)	คำ	kham
gruppo (m) di parole	กลุ่มคำ	glùm kham
espressione (f)	วลี	wá-lee
sinonimo (m)	คำพ้องความหมาย	kham phóng khwaam mǎai
antonimo (m)	คำตรงกันข้าม	kham dtrorng gan khâam
regola (f)	กฎ	gòt
eccezione (f)	ข้อยกเว้น	khôr yok-wâyn
giusto (corretto)	ถูก	thòok
coniugazione (f)	คอนจูเกชัน	khorn joo gay chan
declinazione (f)	การกระจายคำ	gaan grà-jaai kham
caso (m) nominativo	การก	gaa-rók
domanda (f)	คำถาม	kham thǎam
sottolineare (vt)	ขีดเส้นใต้	khèet sên dtâi
linea (f) tratteggiata	เส้นประ	sên bprà

98. Lingue straniere

lingua (f)	ภาษา	phaa-sǎa
straniero (agg)	ต่างชาติ	dtàang châat
lingua (f) straniera	ภาษาต่างชาติ	phaa-sǎa dtàang châat
studiare (vt)	เรียน	rian
imparare (una lingua)	เรียน	rian
leggere (vi, vt)	อ่าน	àan
parlare (vi, vt)	พูด	phôot
capire (vt)	เข้าใจ	khâo jai
scrivere (vi, vt)	เขียน	khǐan
rapidamente	รวดเร็ว	rûat reo
lentamente	อย่างช้า	yàang cháa

correntemente	อย่างคล่อง	yàang khlôrng
regole (f pl)	กฎ	gòt
grammatica (f)	ไวยากรณ์	wai-yaa-gon
lessico (m)	คำศัพท์	kham sàp
fonetica (f)	การออกเสียง	gaan òrk sĭang

manuale (m)	หนังสือเรียน	năng-sĕu rian
dizionario (m)	พจนานุกรม	phót-jà-naa-nú-grom
manuale (m) autodidattico	หนังสือแบบเรียนด้วยตนเอง	năng-sĕu bàep rian dûay dton ayng
frasario (m)	เฟรสบุก	frayt bùk

cassetta (f)	เทปคาสเซ็ตต์	thâyp khaas-sét
videocassetta (f)	วิดีโอ	wí-dee-oh
CD (m)	CD	see-dee
DVD (m)	DVD	dee-wee-dee

alfabeto (m)	ตัวอักษร	dtua àk-sŏn
compitare (vt)	สะกด	sà-gòt
pronuncia (f)	การออกเสียง	gaan òrk sĭang

accento (m)	สำเนียง	săm-niang
con un accento	มีสำเนียง	mee săm-niang
senza accento	ไม่มีสำเนียง	mâi mee săm-niang

vocabolo (m)	คำ	kham
significato (m)	ความหมาย	khwaam măai

corso (m) (~ di francese)	หลักสูตร	làk sòot
iscriversi (vr)	สมัคร	sà-màk
insegnante (m, f)	อาจารย์	aa-jaan

traduzione (f) (fare una ~)	การแปล	gaan bplae
traduzione (f) (un testo)	คำแปล	kham bplae
traduttore (m)	นักแปล	nák bplae
interprete (m)	ล่าม	lâam

poliglotta (m)	ผู้รู้หลายภาษา	phôo róo lăai paa-săa
memoria (f)	ความทรงจำ	khwaam song jam

Ristorante. Intrattenimento. Viaggi

99. Escursione. Viaggio

turismo (m)	การท่องเที่ยว	gaan thôrng thîeow
turista (m)	นักท่องเที่ยว	nák thôrng thîeow
viaggio (m) (all'estero)	การเดินทาง	gaan dern thaang
avventura (f)	การผจญภัย	gaan phà-jon phai
viaggio (m) (corto)	การเดินทาง	gaan dern thaang
vacanza (f)	วันหยุดพักผ่อน	wan yùt phák phòrn
essere in vacanza	หยุดพักผอน	yùt phák phòrn
riposo (m)	การพัก	gaan phák
treno (m)	รถไฟ	rót fai
in treno	โดยรถไฟ	doi rót fai
aereo (m)	เครื่องบิน	khrêuang bin
in aereo	โดยเครื่องบิน	doi khrêuang bin
in macchina	โดยรถยนต	doi rót-yon
in nave	โดยเรือ	doi reua
bagaglio (m)	สัมภาระ	sǎm-phaa-rá
valigia (f)	กระเป๋าเดินทาง	grà-bpǎo dern-thaang
carrello (m)	รถขนสัมภาระ	rót khǒn sǎm-phaa-rá
passaporto (m)	หนังสือเดินทาง	nǎng-sěu dern-thaang
visto (m)	วีซา	wee-sâa
biglietto (m)	ตั๋ว	dtǔa
biglietto (m) aereo	ตั๋วเครื่องบิน	dtǔa khrêuang bin
guida (f)	หนังสือแนะนำ	nǎng-sěu náe nam
carta (f) geografica	แผนที่	phǎen thêe
località (f)	เขต	khàyt
luogo (m)	สถานที่	sà-thǎan thêe
ogetti (m pl) esotici	สิ่งแปลกใหม่	sìng bplàek mài
esotico (agg)	ตางแดน	dtàang daen
sorprendente (agg)	นาประหลาดใจ	nâa bprà-làat jai
gruppo (m)	กลุ่ม	glùm
escursione (f)	การเดินทาง ท่องเที่ยว	gaan dern taang thôrng thîeow
guida (f) (cicerone)	มัคคุเทศก์	mák-khú-thâyt

100. Hotel

hotel (m)	โรงแรม	rohng raem
motel (m)	โรงแรม	rohng raem

tre stelle	สามดาว	săam daao
cinque stelle	หาดาว	hăa daao
alloggiare (vi)	พัก	phák

camera (f)	ห้อง	hôrng
camera (f) singola	ห้องเดี่ยว	hôrng dìeow
camera (f) doppia	หองคู	hôrng khôo
prenotare una camera	จองหอง	jorng hôrng

mezza pensione (f)	พักครึ่งวัน	phák khrêung wan
pensione (f) completa	พักเต็มวัน	phák dtem wan

con bagno	มีห้องอาบน้ำ	mee hôrng àap náam
con doccia	มีฝักบัว	mee fàk bua
televisione (f) satellitare	โทรทัศน์ดาวเทียม	thoh-rá-thát daao thiam
condizionatore (m)	เครื่องปรับอากาศ	khrêuang bpràp-aa-gàat
asciugamano (m)	ผ้าเช็ดตัว	phâa chét dtua
chiave (f)	กุญแจ	gun-jae

amministratore (m)	นักบุริหาร	nák bor-rí-hăan
cameriera (f)	แมบาน	mâe bâan
portabagagli (m)	พนักงาน ขนกระเป๋า	phá-nák ngaan khŏn grà-bpăo
portiere (m)	พนักงาน เปิดประตู	phá-nák ngaan bpèrt bprà-dtoo

ristorante (m)	ร้านอาหาร	ráan aa-hăan
bar (m)	บาร	baa
colazione (f)	อาหารเช้า	aa-hăan cháo
cena (f)	อาหารเย็น	aa-hăan yen
buffet (m)	บุฟเฟต	bùf-fây

hall (f) (atrio d'ingresso)	ล็อบบี้	lórp-bêe
ascensore (m)	ลิฟต	líf

NON DISTURBARE	ห้ามรบกวน	hâam róp guan
VIETATO FUMARE!	หามสูบบุหรี่	hâam sòop bù rèe

ATTREZZATURA TECNICA. MEZZI DI TRASPORTO

Attrezzatura tecnica

101. Computer

computer (m)	คอมพิวเตอร์	khorm-phiw-dtêr
computer (m) portatile	โน๊ตบุค	nóht búk
accendere (vt)	เปิด	bpèrt
spegnere (vt)	ปิด	bpìt
tastiera (f)	แป้นพิมพ์	bpâen phim
tasto (m)	ปุ่ม	bpùm
mouse (m)	เมาส์	mao
tappetino (m) del mouse	แผนรองเมาส์	phàen rorng mao
tasto (m)	ปุ่ม	bpùm
cursore (m)	เคอร์เซอร์	khêr-sêr
monitor (m)	จอมอนิเตอร์	jor mor-ní-dtêr
schermo (m)	หนาจอ	nâa jor
disco (m) rigido	ฮาร์ดดิสก์	hâat-dìt
spazio (m) sul disco rigido	ความจุฮาร์ดดิสก์	kwaam jù hâat-dìt
memoria (f)	หน่วยความจำ	nùay khwaam jam
memoria (f) operativa	หน่วยความจำ เขาถึงโดยสุม	nùay khwaam jam khâo thĕung doi sùm
file (m)	ไฟล์	fai
cartella (f)	โฟลเดอร์	fohl-dêr
aprire (vt)	เปิด	bpèrt
chiudere (vt)	ปิด	bpìt
salvare (vt)	บันทึก	ban-théuk
eliminare (vt)	ลบ	lóp
copiare (vt)	คัดลอก	khát lôrk
ordinare (vt)	จัดเรียง	jàt riang
trasferire (vt)	ทำสำเนา	tham săm-nao
programma (m)	โปรแกรม	bproh-graem
software (m)	ซอฟต์แวร์	sôf-wae
programmatore (m)	นักเขียนโปรแกรม	nák khĭan bproh-graem
programmare (vt)	เขียนโปรแกรม	khĭan bproh-graem
hacker (m)	แฮ็กเกอร์	háek-gêr
password (f)	รหัสผาน	rá-hàt phàan
virus (m)	ไวรัส	wai-rát
trovare (un virus, ecc.)	ตรวจพบ	dtrùat phóp

byte (m)	ไบท์	bai
megabyte (m)	เมกะไบท์	may-gà-bai
dati (m pl)	ข้อมูล	khôr moon
database (m)	ฐานขอมูล	thăan khôr moon
cavo (m)	สายเคเบิล	săai khay-bêrn
sconnettere (vt)	ตัดการเชื่อมต่อ	dtàt gaan chêuam dtòr
collegare (vt)	เชื่อมต่อ	chêuam dtòr

102. Internet. Posta elettronica

internet (f)	อินเทอร์เน็ต	in-thêr-nét
navigatore (m)	เบราวเซอร์	brao-sêr
motore (m) di ricerca	โปรแกรมคนหา	bproh-graem khón hăa
provider (m)	ผู้ให้บริการ	phôo hâi bor-rí-gaan
webmaster (m)	เว็บมาสเตอร์	wép-mâat-dtêr
sito web (m)	เว็บไซต์	wép sai
pagina web (f)	เว็บเพจ	wép phâyt
indirizzo (m)	ที่อยู่	thêe yòo
rubrica (f) indirizzi	สมุดที่อยู่	sà-mùt thêe yòo
casella (f) di posta	กล่องจดหมายอีเมลล์	glòrng jòt măai ee-mayn
posta (f)	จดหมาย	jòt măai
troppo piena (agg)	เต็ม	dtem
messaggio (m)	ข้อความ	khôr khwaam
messaggi (m pl) in arrivo	ข้อความขาเข้า	khôr khwaam khăa khâo
messaggi (m pl) in uscita	ข้อความขาออก	khôr khwaam khăa òrk
mittente (m)	ผู้ส่ง	phôo sòng
inviare (vt)	ส่ง	sòng
invio (m)	การส่ง	gaan sòng
destinatario (m)	ผู้รับ	phôo ráp
ricevere (vt)	รับ	ráp
corrispondenza (f)	การติดต่อกัน	gaan dtìt dtòr gan
	ทางจดหมาย	thaang jòt măai
essere in corrispondenza	ติดต่อกันทางจดหมาย	dtìt dtòr gan thaang jòt măai
file (m)	ไฟล์	fai
scaricare (vt)	ดาวน์โหลด	daao lòht
creare (vt)	สร้าง	sâang
eliminare (vt)	ลบ	lóp
eliminato (agg)	ถูกลบ	thòok lóp
connessione (f)	การเชื่อมต่อ	gaan chêuam dtòr
velocità (f)	ความเร็ว	khwaam reo
modem (m)	โมเด็ม	moh-dem
accesso (m)	การเขาถึง	gaan khâo thěung
porta (f)	พอร์ท	phôt

collegamento (m)	การเชื่อมต่อ	gaan chêuam dtòr
collegarsi a ...	เชื่อมต่อกับ...	chêuam dtòr gàp...
scegliere (vt)	เลือก	lêuak
cercare (vt)	คนหา	khón hǎa

103. Elettricità

elettricità (f)	ไฟฟ้า	fai fáa
elettrico (agg)	ทางไฟฟ้า	thaang fai-fáa
centrale (f) elettrica	โรงไฟฟ้า	rohng fai-fáa
energia (f)	พลังงาน	phá-lang ngaan
energia (f) elettrica	กำลังไฟฟ้า	gam-lang fai-fáa

lampadina (f)	หลอดไฟฟ้า	lòrt fai fáa
torcia (f) elettrica	ไฟฉาย	fai chǎai
lampione (m)	เสาไฟถนน	sǎo fai thà-nǒn

luce (f)	ไฟ	fai
accendere (luce)	เปิด	bpèrt
spegnere (vt)	ปิด	bpìt
spegnere la luce	ปิดไฟ	bpìt fai
fulminarsi (vr)	ขาด	khàat
corto circuito (m)	การลัดวงจร	gaan lát wong-jon
rottura (f) (~ di un cavo)	สายขาด	sǎai khàat
contatto (m)	สายต่อกัน	sǎai dtòr gan

interruttore (m)	สวิตช์ไฟ	sà-wít fai
presa (f) elettrica	เต้าเสียบปลั๊กไฟ	dtâo sìap bplák fai
spina (f)	ปลั๊กไฟ	bplák fai
prolunga (f)	สายพวงไฟ	sǎai phûang fai
fusibile (m)	ฟิวส์	fiw
filo (m)	สายไฟ	sǎai fai
impianto (m) elettrico	การเดินสายไฟ	gaan dern sǎai fai

ampere (m)	แอมแปร์	aem-bpae
intensità di corrente	กำลังไฟฟ้า	gam-lang fai-fáa
volt (m)	โวลต์	wohn
tensione (f)	แรงดันไฟฟ้า	raeng dan fai fáa

| apparecchio (m) elettrico | เครื่องใช้ไฟฟ้า | khrêuang chái fai fáa |
| indicatore (m) | ตัวระบุ | dtua rá-bù |

elettricista (m)	ช่างไฟฟ้า	châang fai-fáa
saldare (vt)	บัดกรี	bàt-gree
saldatoio (m)	หัวแรงบัดกรี	hǔa ráeng bàt-gree
corrente (f)	กระแสไฟฟ้า	grà-sǎe fai fáa

104. Utensili

| utensile (m) | เครื่องมือ | khrêuang meu |
| utensili (m pl) | เครื่องมือ | khrêuang meu |

impianto (m)	อุปกรณ์	ù-bpà-gon
martello (m)	ค้อน	khórn
giravite (m)	ไขควง	khăi khuang
ascia (f)	ขวาน	khwăan

sega (f)	เลื่อย	lêuay
segare (vt)	เลื่อย	lêuay
pialla (f)	กบไสไม้	gòp săi máai
piallare (vt)	ไสกบ	săi gòp
saldatoio (m)	หัวแรงบัดกรี	hŭa ráeng bàt-gree
saldare (vt)	บัดกรี	bàt-gree

lima (f)	ตะไบ	dtà-bai
tenaglie (f pl)	คีม	kheem
pinza (f) a punte piatte	คีมปอกสายไฟ	kheem bpòk săai fai
scalpello (m)	สิ่ว	sìw

punta (f) da trapano	หัวสว่าน	hŭa sà-wàan
trapano (m) elettrico	สว่านไฟฟ้า	sà-wàan fai fáa
trapanare (vt)	เจาะ	jòr

coltello (m)	มีด	mêet
coltello (m) da tasca	มีดพก	mêet phók
lama (f)	ใบ	bai

affilato (coltello ~)	คม	khom
smussato (agg)	ทื่อ	thêu
smussarsi (vr)	ทำให้...ทื่อ	tham hâi...thêu
affilare (vt)	ลับคม	láp khom

bullone (m)	สลักเกลียว	sà-làk glieow
dado (m)	แหวนสกรู	wăen sà-groo
filettatura (f)	เกลียว	glieow
vite (f)	สกรู	sà-groo

chiodo (m)	ตะปู	dtà-bpoo
testa (f) di chiodo	หัวตะปู	hŭa dtà-bpoo

regolo (m)	ไม้บรรทัด	máai ban-thát
nastro (m) metrico	เทปวัดระยะทาง	thâyp wát rá-yá taang
livella (f)	เครื่องวัดระดับน้ำ	khrêuang wát rá-dàp náam
lente (f) d'ingradimento	แว่นขยาย	wâen khà-yăai

strumento (m) di misurazione	เครื่องมือวัด	khrêuang meu wát
misurare (vt)	วัด	wát
scala (f) graduata	อัตรา	àt-dtraa
lettura, indicazione (f)	คามิเตอร์	khâa mí-dtêr

compressore (m)	เครื่องอัดอากาศ	khrêuang àt aa-gàat
microscopio (m)	กล้องจุลทัศน์	glôrng jun-la -thát

pompa (f) (~ dell'acqua)	ปั๊ม	bpám
robot (m)	หุ่นยนต์	hùn yon
laser (m)	เลเซอร์	lay-sêr
chiave (f)	ประแจ	bprà-jae
nastro (m) adesivo	เทปกาว	thâyp gaao

colla (f)	กาว	gaao
carta (f) smerigliata	กระดาษทราย	grà-dàat saai
molla (f)	สปริง	sà-bpring
magnete (m)	แม่เหล็ก	mâe lèk
guanti (m pl)	ถุงมือ	thŭng meu

corda (f)	เชือก	chêuak
cordone (m)	สาย	săai
filo (m) (~ del telefono)	สายไฟ	săai fai
cavo (m)	สายเคเบิล	săai khay-bêrn

mazza (f)	ค้อนขนาดใหญ่	khón khà-nàat yài
palanchino (m)	ชะแลง	chá-laeng
scala (f) a pioli	บันได	ban-dai
scala (m) a libretto	กระได	grà-dai

avvitare (stringere)	ขันเกลียวเข้า	khăn glieow khâo
svitare (vt)	ขันเกลียวออก	khăn glieow òk
stringere (vt)	ขันให้แน่น	khăn hâi náen
incollare (vt)	ติดกาว	dtìt gaao
tagliare (vt)	ตัด	dtàt

guasto (m)	ความผิดพลาด	khwaam phìt phlâat
riparazione (f)	การซ่อมแซม	gaan sôrm saem
riparare (vt)	ซ่อม	sôrm
regolare (~ uno strumento)	ปรับ	bpràp

verificare (ispezionare)	ตรวจ	dtrùat
controllo (m)	การตรวจ	gaan dtrùat
lettura, indicazione (f)	คามิเตอร์	khâa mí-dtêr

sicuro (agg)	ไว้วางใจได้	wái waang jai dâai
complesso (agg)	ซับซ้อน	sáp són

arrugginire (vi)	ขึ้นสนิม	khêun sà-nĭm
arrugginito (agg)	เป็นสนิม	bpen sà-nĭm
ruggine (f)	สนิม	sà-nĭm

Mezzi di trasporto

105. Aeroplano

aereo (m)	เครื่องบิน	khrêuang bin
biglietto (m) aereo	ตั๋วเครื่องบิน	dtŭa khrêuang bin
compagnia (f) aerea	สายการบิน	săai gaan bin
aeroporto (m)	สนามบิน	sà-năam bin
supersonico (agg)	ความเร็วเหนือเสียง	khwaam reo nĕua-sĭang

comandante (m)	กัปตัน	gàp dtan
equipaggio (m)	ลูกเรือ	lôok reua
pilota (m)	นักบิน	nák bin
hostess (f)	พนักงวนต้อนรับบนเครื่องบิน	phá-nák ngaan dtôrn ráp bon khrêuang bin
navigatore (m)	ต้นหน	dtôn hŏn

ali (f pl)	ปีก	bpèek
coda (f)	หาง	hăang
cabina (f)	ห้องนักบิน	hôrng nák bin
motore (m)	เครื่องยนต์	khrêuang yon
carrello (m) d'atterraggio	โครงสวนล่างของเครื่องบิน	khrorng sùan lâang khŏrng khrêuang bin
turbina (f)	กังหัน	gang-hăn

elica (f)	ใบพัด	bai phát
scatola (f) nera	กล่องดำ	glòrng dam
barra (f) di comando	คันบังคับ	khan bang-kháp
combustibile (m)	เชื้อเพลิง	chéua phlerng

safety card (f)	คู่มือความปลอดภัย	khôo meu khwaam bplòt phai
maschera (f) ad ossigeno	หน้ากากอ็อกซิเจน	nâa gàak ók sí jayn
uniforme (f)	เครื่องแบบ	khrêuang bàep
giubbotto (m) di salvataggio	เสื้อชูชีพ	sêua choo chêep
paracadute (m)	รมชูชีพ	rôm choo chêep

decollo (m)	การบินขึ้น	gaan bin khêun
decollare (vi)	บินขึ้น	bin khêun
pista (f) di decollo	ทางวิ่งเครื่องบิน	thaang wîng khrêuang bin

visibilità (f)	ทัศนวิสัย	thát sá ná wí-săi
volo (m)	การบิน	gaan bin
altitudine (f)	ความสูง	khwaam sŏong
vuoto (m) d'aria	หลุมอากาศ	lŭm aa-gàat

posto (m)	ที่นั่ง	thêe nâng
cuffia (f)	หูฟัง	hŏo fang
tavolinetto (m) pieghevole	ถาดพับเก็บได้	thàat pháp gèp dâai
oblò (m), finestrino (m)	หน้าตางเครื่องบิน	nâa dtaang khrêuang bin
corridoio (m)	ทางเดิน	thaang dern

106. Treno

treno (m)	รถไฟ	rót fai
elettrotreno (m)	รถไฟชานเมือง	rót fai chaan meuang
treno (m) rapido	รถไฟด่วน	rót fai dùan
locomotiva (f) diesel	รถจักรดีเซล	rót jàk dee-sayn
locomotiva (f) a vapore	รถจักรไอน้ำ	rót jàk ai náam
carrozza (f)	ตู้โดยสาร	dtôo doi săan
vagone (m) ristorante	ตู้เสบียง	dtôo sà-biang
rotaie (f pl)	รางรถไฟ	raang rót fai
ferrovia (f)	ทางรถไฟ	thaang rót fai
traversa (f)	หมอนรองราง	mŏrn rorng raang
banchina (f) (~ ferroviaria)	ชานชลา	chaan-chá-laa
binario (m) (~ 1, 2)	ราง	raang
semaforo (m)	ไฟสัญญาณรถไฟ	fai săn-yaan rót fai
stazione (f)	สถานี	sà-thăa-nee
macchinista (m)	คนขับรถไฟ	khon khàp rót fai
portabagagli (m)	พนักงานยกกระเป๋า	phá-nák ngaan yók grà-bpăo
cuccettista (m, f)	พนักงานรถไฟ	phá-nák ngaan rót fai
passeggero (m)	ผู้โดยสาร	phôo doi săan
controllore (m)	พนักงานตรวจตั๋ว	phá-nák ngaan dtrùat dtŭa
corridoio (m)	ทางเดิน	thaang dern
freno (m) di emergenza	เบรคฉุกเฉิน	bràyk chùk-chěrn
scompartimento (m)	ตู้นอน	dtôo norn
cuccetta (f)	เตียง	dtiang
cuccetta (f) superiore	เตียงบน	dtiang bon
cuccetta (f) inferiore	เตียงล่าง	dtiang lâang
biancheria (f) da letto	ชุดเครื่องนอน	chút khrêuang norn
biglietto (m)	ตั๋ว	dtŭa
orario (m)	ตารางเวลา	dtaa-raang way-laa
tabellone (m) orari	กระดานแสดง	grà daan sà-daeng
	ข้อมูล	khôr moon
partire (vi)	ออกเดินทาง	òrk dern thaang
partenza (f)	การออกเดินทาง	gaan òrk dern thaang
arrivare (di un treno)	มาถึง	maa thěung
arrivo (m)	การมาถึง	gaan maa thěung
arrivare con il treno	มาถึงโดยรถไฟ	maa thěung doi rót fai
salire sul treno	ขึ้นรถไฟ	khêun rót fai
scendere dal treno	ลงจากรถไฟ	long jàak rót fai
deragliamento (m)	รถไฟตกราง	rót fai dtòk raang
deragliare (vi)	ตกราง	dtòk raang
locomotiva (f) a vapore	หัวรถจักรไอน้ำ	hŭa rót jàk ai náam
fuochista (m)	คนควบคุมเตาไฟ	khon khûap khum dtao fai
forno (m)	เตาไฟ	dtao fai
carbone (m)	ถ่านหิน	thàan hĭn

107. Nave

nave (f)	เรือ	reua
imbarcazione (f)	เรือ	reua
piroscafo (m)	เรือจักรไอน้ำ	reua jàk ai náam
barca (f) fluviale	เรือลงแมน้ำ	reua lông mâe náam
transatlantico (m)	เรือเดินสมุทร	reua dern sà-mùt
incrociatore (m)	เรือลาดตระเวน	reua lâat dtrà-wayn
yacht (m)	เรือยอชต์	reua yôt
rimorchiatore (m)	เรือลากจูง	reua lâak joong
chiatta (f)	เรือบรรทุก	reua ban-thúk
traghetto (m)	เรือขามฟาก	reua khâam fâak
veliero (m)	เรือใบ	reua bai
brigantino (m)	เรือใบสองเสากระโดง	reua bai sǒrng sǎo grà-dohng
rompighiaccio (m)	เรือตัดน้ำแข็ง	reua dtàt náam khǎeng
sottomarino (m)	เรือดำน้ำ	reua dam náam
barca (f)	เรือพาย	reua phaai
scialuppa (f)	เรือบดเล็ก	reua bòt lék
scialuppa (f) di salvataggio	เรือชูชีพ	reua choo chêep
motoscafo (m)	เรือยนต์	reua yon
capitano (m)	กัปตัน	gàp dtan
marittimo (m)	นาวิน	naa-win
marinaio (m)	คนเรือ	khon reua
equipaggio (m)	กะลาสี	gà-laa-sěe
nostromo (m)	สรั่ง	sà-ràng
mozzo (m) di nave	คนช่วยงานในเรือ	khon chûay ngaan nai reua
cuoco (m)	กุ๊ก	gúk
medico (m) di bordo	แพทย์เรือ	phâet reua
ponte (m)	ดาดฟ้าเรือ	dàat-fáa reua
albero (m)	เสากระโดงเรือ	sǎo grà-dohng reua
vela (f)	ใบเรือ	bai reua
stiva (f)	ท้องเรือ	thórng-reua
prua (f)	หัวเรือ	hǔa-reua
poppa (f)	ท้ายเรือ	tháai reua
remo (m)	ไม้พาย	máai phaai
elica (f)	ใบจักร	bai jàk
cabina (f)	ห้องพัก	hôrng phák
quadrato (m) degli ufficiali	หูองอาหาร	hôrng aa-hǎan
sala (f) macchine	หองเครื่องยนต์	hôrng khrêuang yon
ponte (m) di comando	สะพานเดินเรือ	sà-phaan dern reua
cabina (f) radiotelegrafica	หองวิทยุ	hôrng wít-thá-yú
onda (f)	คลื่นความถี่	khlêun khwaam thèe
giornale (m) di bordo	สมุดบันทึก	sà-mùt ban-théuk
cannocchiale (m)	กล้องสองทางไกล	glôrng sòrng thaang glai
campana (f)	ระฆัง	rá-khang

bandiera (f)	ธง	thorng
cavo (m) (~ d'ormeggio)	เชือก	chêuak
nodo (m)	ปม	bpom

ringhiera (f)	ราว	raao
passerella (f)	ไม้พาดให้	mái phâat hâi
	ขึ้นลงเรือ	khêun long reua

ancora (f)	สมอ	sà-mŏr
levare l'ancora	ถอนสมอ	thŏrn sà-mŏr
gettare l'ancora	ทอดสมอ	thôrt sà-mŏr
catena (f) dell'ancora	โซ่สมอเรือ	sôh sà-mŏr reua

porto (m)	ท่าเรือ	thâa reua
banchina (f)	ท่า	thâa
ormeggiarsi (vr)	จอดเทียบท่า	jòt thîap tâa
salpare (vi)	ออกจากท่า	òrk jàak tâa

viaggio (m)	การเดินทาง	gaan dern thaang
crociera (f)	ทัวร์ล่องเรือ	gaan lôrng reua
rotta (f)	เส้นทาง	sên thaang
itinerario (m)	เส้นทาง	sên thaang

tratto (m) navigabile	ร่องเรือเดิน	rông reua dern
secca (f)	โขด	khòht
arenarsi (vr)	เกยตื้น	goie dtêun

tempesta (f)	พายุ	phaa-yú
segnale (m)	สัญญาณ	săn-yaan
affondare (andare a fondo)	ลม	lôm
Uomo in mare!	คนตกเรือ!	kon dtòk reua
SOS	SOS	es-o-es
salvagente (m) anulare	ห่วงยาง	hùang yaang

108. Aeroporto

aeroporto (m)	สนามบิน	sà-năam bin
aereo (m)	เครื่องบิน	khrêuang bin
compagnia (f) aerea	สายการบิน	săai gaan bin
controllore (m) di volo	เจ้าหน้าที่ควบคุม	jâo nâa-thêe khûap khum
	จราจรทางอากาศ	jà-raa-jon thaang aa-gàat

partenza (f)	การออกเดินทาง	gaan òrk dern thaang
arrivo (m)	การมาถึง	gaan maa thĕung
arrivare (vi)	มาถึง	maa thĕung

ora (f) di partenza	เวลาขาไป	way-laa khăa bpai
ora (f) di arrivo	เวลามาถึง	way-laa maa thĕung
essere ritardato	ถูกเลื่อน	thòok lêuan
volo (m) ritardato	เลื่อนเที่ยวบิน	lêuan thieow bin

tabellone (m) orari	ฎระดานแสดง	grà daan sà-daeng
	ข้อมูล	khôr moon
informazione (f)	ข้อมูล	khôr moon

| annunciare (vt) | ประกาศ | bprà-gàat |
| volo (m) | เที่ยวบิน | thîeow bin |

| dogana (f) | ศุลกากร | sŭn-lá-gaa-gon |
| doganiere (m) | เจ้าหน้าที่ศุลกากร | jâo nâa-thêe sŭn-lá-gaa-gon |

dichiarazione (f)	แบบฟอร์มการเสีย ภาษีศุลกากร	bàep form gaan sĭa phaa-sĕe sŭn-lá-gaa-gon
riempire (~ una dichiarazione)	กรอก	gròrk
riempire una dichiarazione	กรอกแบบฟอร์ม การเสียภาษี	gròrk bàep form gaan sĭa paa-sĕe
controllo (m) passaporti	จุดตรวจหนังสือ เดินทาง	jùt dtrùat năng-sĕu dern-thaang

bagaglio (m)	สัมภาระ	săm-phaa-rá
bagaglio (m) a mano	กระเป๋าถือ	grà-bpăo thĕu
carrello (m)	รถขนสัมภาระ	rót khŏn săm-phaa-rá

atterraggio (m)	การลงจอด	gaan long jòrt
pista (f) di atterraggio	ลานบินลงจอด	laan bin long jòrt
atterrare (vi)	ลงจอด	long jòrt
scaletta (f) dell'aereo	ทางขึ้นลง เครื่องบิน	thaang khêun long khrêuang bin

check-in (m)	การเช็คอิน	gaan chék in
banco (m) del check-in	เคาน์เตอร์เช็คอิน	khao-dtêr chék in
fare il check-in	เช็คอิน	chék in
carta (f) d'imbarco	บัตรที่นั่ง	bàt thêe nâng
porta (f) d'imbarco	ซองเขา	chôrng khâo

transito (m)	การต่อเที่ยวบิน	gaan tòr thîeow bin
aspettare (vt)	รอ	ror
sala (f) d'attesa	ห้องผู้โดยสารขาออก	hôrng phôo doi săan khăa òk
accompagnare (vt)	ไปส่ง	bpai sòng
congedarsi (vr)	บอกลา	bòrk laa

Situazioni quotidiane

109. Vacanze. Evento

festa (f)	วันหยุดเฉลิมฉลอง	wan yùt chà-lĕrm chà-lŏng
festa (f) nazionale	วันชาติ	wan châat
festività (f) civile	วันหยุดนักขัตฤกษ์	wan yùt nák-kàt-rêrk
festeggiare (vt)	เฉลิมฉลอง	chà-lĕrm chà-lŏrng

avvenimento (m)	เหตุการณ์	hàyt gaan
evento (m) (organizzare un ~)	งานอีเวนต์	ngaan ee wayn
banchetto (m)	งานเลี้ยง	ngaan líang
ricevimento (m)	งานเลี้ยง	ngaan líang
festino (m)	งานฉลอง	ngaan chà-lŏrng

anniversario (m)	วันครบรอบ	wan khróp rôrp
giubileo (m)	วันครบรอบปี	wan khróp rôrp bpee
festeggiare (vt)	ฉลอง	chà-lŏrng

Capodanno (m)	ปีใหม่	bpee mài
Buon Anno!	สวัสดีปีใหม่!	sà-wàt-dee bpee mài
Babbo Natale (m)	ซานตาคลอส	saan-dtaa-khlôrt

Natale (m)	คริสต์มาส	khrít-mâat
Buon Natale!	สุขสันต์วันคริสต์มาส	sùk-săn wan khrít-mâat
Albero (m) di Natale	ต้นคริสต์มาส	dtôn khrít-mâat
fuochi (m pl) artificiali	ดอกไม้ไฟ	dòrk máai fai

nozze (f pl)	งานแต่งงาน	ngaan dtàeng ngaan
sposo (m)	เจ้าบาว	jâo bàao
sposa (f)	เจ้าสาว	jâo săao

invitare (vt)	เชิญ	chern
invito (m)	บัตรเชิญ	bàt chern

ospite (m)	แขก	khàek
andare a trovare	ไปเยี่ยม	bpai yîam
accogliere gli invitati	ต้อนรับแขก	dton ráp khàek

regalo (m)	ของขวัญ	khŏrng khwăn
offrire (~ un regalo)	ให้	hâi
ricevere i regali	รับของขวัญ	ráp khŏrng khwăn
mazzo (m) di fiori	ช่อดอกไม้	chôr dòrk máai

auguri (m pl)	คำแสดง ความยินดี	kham sà-daeng khwaam yin-dee
augurare (vt)	แสดงความยินดี	sà-daeng khwaam yin dee

cartolina (f)	บัตรอวยพร	bàt uay phon
mandare una cartolina	ส่งโปสการ์ด	sòng bpòht-gàat

ricevere una cartolina	รับโปสการ์ด	ráp bpòht-gàat
brindisi (m)	ดื่มอวยพร	dèum uay phon
offrire (~ qualcosa da bere)	เลี้ยงเครื่องดื่ม	líang khrêuang dèum
champagne (m)	แชมเปญ	chaem-bpayn

divertirsi (vr)	มีความสุข	mee khwaam sùk
allegria (f)	ความรื่นเริง	khwaam rêun-rerng
gioia (f)	ความสุขสันต์	khwaam sùk-săn

| danza (f), ballo (m) | การเต้น | gaan dtên |
| ballare (vi, vt) | เต้น | dtên |

| valzer (m) | วอลทูซ์ | wɔ:lts |
| tango (m) | แทงโก | thaeng-gôh |

110. Funerali. Sepoltura

cimitero (m)	สุสาน	sù-săan
tomba (f)	หลุมศพ	lŭm sòp
croce (f)	ไม้กางเขน	mái gaang khăyn
pietra (f) tombale	ป้ายหลุมศพ	bpâai lŭm sòp
recinto (m)	รั้ว	rúa
cappella (f)	โรงสวด	rohng sùat

morte (f)	ความตาย	khwaam dtaai
morire (vi)	ตาย	dtaai
defunto (m)	ผู้เสียชีวิต	phôo sĭa chee-wít
lutto (m)	การไว้อาลัย	gaan wái aa-lai

seppellire (vt)	ฝังศพ	făng sòp
sede (f) di pompe funebri	บริษัทรับจัดงานศพ	bor-rí-sàt ráp jàt ngaan sòp
funerale (m)	งานศพ	ngaan sòp

corona (f) di fiori	พวงหรีด	phuang rèet
bara (f)	โลงศพ	lohng sòp
carro (m) funebre	รถขนศพ	rót khŏn sòp
lenzuolo (m) funebre	ผ้าห่อศพ	phâa hòr sòp

corteo (m) funebre	พิธีศพ	phí-tee sòp
urna (f) funeraria	โกศ	gòht
crematorio (m)	เมรุ	mayn

necrologio (m)	ข่าวมรณกรรม	khàao mor-rá-ná-gam
piangere (vi)	ร้องไห้	rórng hâi
singhiozzare (vi)	สะอื้น	sà-êun

111. Guerra. Soldati

plotone (m)	หมวด	mùat
compagnia (f)	กองร้อย	gorng rói
reggimento (m)	กรม	grom
esercito (m)	กองทัพ	gorng tháp

divisione (f)	กองพล	gorng phon-la
distaccamento (m)	หมู่	mòo
armata (f)	กองทัพ	gorng tháp

| soldato (m) | ทหาร | thá-hǎan |
| ufficiale (m) | นายทหาร | naai thá-hǎan |

soldato (m) semplice	พลทหาร	phon-thá-hǎan
sergente (m)	สิบเอก	sìp àyk
tenente (m)	ร้อยโท	rói thoh
capitano (m)	รอยเอก	rói àyk
maggiore (m)	พลตรี	phon-dtree

| colonnello (m) | พันเอก | phan àyk |
| generale (m) | นายพล | naai phon |

marinaio (m)	กะลาสี	gà-laa-sěe
capitano (m)	กัปตัน	gàp dtan
nostromo (m)	สรังเรือ	sà-ràng reua

artigliere (m)	ทหารปืนใหญ่	thá-hǎan bpeun yài
paracadutista (m)	พลรม	phon-rôm
pilota (m)	นักบิน	nák bin

| navigatore (m) | ต้นหน | dtôn hǒn |
| meccanico (m) | ช่างเครื่อง | châang khrêuang |

| geniere (m) | ทหารช่าง | thá-hǎan châang |
| paracadutista (m) | ทหารราบอากาศ | thá-hǎan râap aa-gàat |

| esploratore (m) | ทหารพราน | thá-hǎan phraan |
| cecchino (m) | พลชุมยิง | phon sûm ying |

pattuglia (f)	หน่วยลาดตระเวน	nùay lâat dtrà-wayn
pattugliare (vt)	ลาดตระเวน	lâat dtrà-wayn
sentinella (f)	ทหารยาม	tá-hǎan yaam

| guerriero (m) | นักรบ | nák róp |
| patriota (m) | ผู้รักชาติ | phôo rák châat |

| eroe (m) | วีรบุรุษ | wee-rá-bù-rùt |
| eroina (f) | วีรสตรี | wee rá-sot dtree |

| traditore (m) | ผู้ทรยศ | phôo thor-rá-yót |
| tradire (vt) | ทรยศ | thor-rá-yót |

| disertore (m) | ทหารหนีทัพ | thá-hǎan něe tháp |
| disertare (vi) | หนีทัพ | něe tháp |

mercenario (m)	ทหารรับจ้าง	thá-hǎan ráp jâang
recluta (f)	เกณฑ์ทหาร	gayn thá-hǎan
volontario (m)	อาสาสมัคร	aa-sǎa sà-màk

ucciso (m)	คนถูกฆ่า	khon thòok khâa
ferito (m)	ผู้ได้รับบาดเจ็บ	phôo dâai ráp bàat jèp
prigioniero (m) di guerra	เชลยศึก	chá-loie sèuk

112. Guerra. Azioni militari. Parte 1

guerra (f)	สงคราม	sŏng-khraam
essere in guerra	ทำสงคราม	tham sŏng-khraam
guerra (f) civile	สงครามกลางเมือง	sŏng-khraam glaang-meuang
perfidamente	ตลบตะแลง	dtà-lòp-dtà-laeng
dichiarazione (f) di guerra	การประกาศสงคราม	gaan bprà-gàat sŏng-khraam
dichiarare (~ guerra)	ประกาศสงคราม	bprà-gàat sŏng-khraam
aggressione (f)	การรุกราน	gaan rúk-raan
attaccare (vt)	บุกรุก	bùk rúk
invadere (vt)	บุกรุก	bùk rúk
invasore (m)	ผู้บุกรุก	phôo bùk rúk
conquistatore (m)	ผู้ยึดครอง	phôo yéut khrorng
difesa (f)	การป้องกัน	gaan bpôrng gan
difendere (~ un paese)	ปกป้อง	bpòk bpôrng
difendersi (vr)	ป้องกัน	bpôrng gan
nemico (m)	ศัตรู	sàt-dtroo
avversario (m)	ขาศึก	khâa sèuk
ostile (agg)	ศัตรู	sàt-dtroo
strategia (f)	ยุทธศาสตร์	yút-thá-sàat
tattica (f)	ยุทธวิธี	yút-thá-wí-thee
ordine (m)	คำสั่ง	kham sàng
comando (m)	คำบัญชาการ	kham ban-chaa gaan
ordinare (vt)	สั่ง	sàng
missione (f)	ภารกิจ	phaa-rá-gìt
segreto (agg)	อย่างลับ	yàang láp
battaglia (f), combattimento (m)	การรบ	gaan róp
attacco (m)	การจู่โจม	gaan jòo johm
assalto (m)	การเข้าจู่โจม	gaan khâo jòo johm
assalire (vt)	บุกจู่โจม	bùk jòo johm
assedio (m)	การโอบล้อมโจมตี	gaan òhp lóm johm dtee
offensiva (f)	การโจมตี	gaan johm dtee
passare all'offensiva	โจมตี	johm dtee
ritirata (f)	การถอย	gaan thŏi
ritirarsi (vr)	ถอย	thŏi
accerchiamento (m)	การปิดล้อม	gaan bpìt lórm
accerchiare (vt)	ปิดลอม	bpìt lórm
bombardamento (m)	การทิ้งระเบิด	gaan thíng rá-bèrt
lanciare una bomba	ทิ้งระเบิด	thíng rá-bèrt
bombardare (vt)	ทิ้งระเบิด	thíng rá-bèrt
esplosione (f)	การระเบิด	gaan rá-bèrt
sparo (m)	การยิง	gaan ying
sparare un colpo	ยิง	ying

sparatoria (f)	การยิง	gaan ying
puntare su ...	เล็ง	leng
puntare (~ una pistola)	ชี้	chée
colpire (~ il bersaglio)	ถูกเป้าหมาย	thòok bpâo mǎai

affondare (mandare a fondo)	จม	jom
falla (f)	รู	roo
affondare (andare a fondo)	จม	jom

fronte (m) (~ di guerra)	แนวหน้า	naew nâa
evacuazione (f)	การอพยพ	gaan òp-phá-yóp
evacuare (vt)	อพยพ	òp-phá-yóp

trincea (f)	สนามเพลาะ	sà-nǎam phlór
filo (m) spinato	ลวดหนาม	lûat nǎam
sbarramento (m)	สิ่งกีดขวาง	sìng gèet-khwǎang
torretta (f) di osservazione	หอสังเกตการณ์	hǒr sǎng-gàyt gaan

ospedale (m) militare	โรงพยาบาล	rohng phá-yaa-baan
	ทหาร	thá-hǎan
ferire (vt)	ทำให้บาดเจ็บ	tham hâi bàat jèp
ferita (f)	แผล	phlǎe
ferito (m)	ผู้ได้รับบาดเจ็บ	phôo dâai ráp bàat jèp
rimanere ferito	ได้รับบาดเจ็บ	dâai ráp bàat jèp
grave (ferita ~)	รายแรง	ráai raeng

113. Guerra. Azioni militari. Parte 2

prigionia (f)	การเป็นเชลย	gaan bpen chá-loie
fare prigioniero	จับเชลย	jàp chá-loie
essere prigioniero	เป็นเชลย	bpen chá-loie
essere fatto prigioniero	ถูกจับเป็นเชลย	thòok jàp bpen chá-loie

campo (m) di concentramento	ค่ายกักกัน	khâai gàk gan
prigioniero (m) di guerra	เชลยศึก	chá-loie sèuk
fuggire (vi)	หนี	nǐe

tradire (vt)	ทูรยศ	thor-rá-yót
traditore (m)	ผู้ทรยศ	phôo thor-rá-yót
tradimento (m)	การทรยศ	gaan thor-rá-yót

| fucilare (vt) | ประหาร | bprà-hǎan |
| fucilazione (f) | การประหาร | gaan bprà-hǎan |

divisa (f) militare	ชุดเสื้อผ้าทหาร	chút sêua phâa thá-hǎan
spallina (f)	บั้ง	bâng
maschera (f) antigas	หน้ากากกันแก๊ส	nâa gàak gan gàet

radiotrasmettitore (m)	วิทยุสนาม	wít-thá-yú sà-nǎam
codice (m)	รหัส	rá-hàt
complotto (m)	ความลับ	khwaam láp
parola (f) d'ordine	รหัสผ่าน	rá-hàt phàan
mina (f)	กับระเบิด	gàp rá-bèrt
minare (~ la strada)	วางกับระเบิด	waang gàp rá-bèrt

campo (m) minato	เขตทุ่นระเบิด	khàyt thûn rá-bèrt
allarme (m) aereo	สัญญาณเตือนภัย	săn-yaan dteuan phai
	ทางอากาศ	thaang aa-gàat
allarme (m)	สัญญาณเตือนภัย	săn-yaan dteuan phai
segnale (m)	สัญญาณ	săn-yaan
razzo (m) di segnalazione	พลุสัญญาณ	phlú săn-yaan

quartier (m) generale	กองบัญชาการ	gorng ban-chaa gaan
esplorazione (m)	การลาดตระเวน	gaan lâat dtrà-wayn
situazione (f)	สถานการณ์	sà-thăan gaan
rapporto (m)	การรายงาน	gaan raai ngaan
agguato (m)	การซุ่มโจมตี	gaan sûm johm dtee
rinforzo (m)	กำลังเสริม	gam-lang sĕrm

bersaglio (m)	เป้าหมาย	bpâo măai
terreno (m) di caccia	สถานที่ทดลอง	sà-tăan thêe thót long
manovre (f pl)	การซ้อมรบ	gaan sórm róp

panico (m)	ความตื่นตระหนก	khwaam dtèun dtrà-nòk
devastazione (f)	การทำลายล้าง	gaan tham-laai láang
distruzione (m)	ซาก	sâak
distruggere (vt)	ทำลาย	tham laai

sopravvivere (vi, vt)	รอดชีวิต	rôt chee-wít
disarmare (vt)	ปลดอาวุธ	bplòt aa-wút
maneggiare	ใช้	chái
(una pistola, ecc.)		

| Attenti! | หยุด | yùt |
| Riposo! | พัก | phák |

atto (m) eroico	การแสดงความ	gaan sà-daeng khwaam
	กล้าหาญ	glâa hăan
giuramento (m)	คำสาบาน	kham săa-baan
giurare (vi)	สาบาน	săa baan

decorazione (f)	รางวัล	raang-wan
decorare (qn)	มอบรางวัล	môrp raang-wan
medaglia (f)	เหรียญรางวัล	rĭan raang-wan
ordine (m) (~ al Merito)	เครื่องอิสริยาภรณ์	khrêuang ìt-sà-rí-yaa-phon

vittoria (f)	ชัยชนะ	chai chá-ná
sconfitta (m)	ความพ่ายแพ้	khwaam phâai pháe
armistizio (m)	การพักรบ	gaan phák róp

bandiera (f)	ธงรบ	thorng róp
gloria (f)	ความรุ่งโรจน์	khwaam rûng-rôht
parata (f)	ขบวนสวนสนาม	khà-buan sŭan sà-năam
marciare (in parata)	เดินสวนสนาม	dern sŭan sà-năam

114. Armi

| armi (f pl) | อาวุธ | aa-wút |
| arma (f) da fuoco | อาวุธปืน | aa-wút bpeun |

arma (f) bianca	อาวุธเย็น	aa-wút yen
armi (f pl) chimiche	อาวุธเคมี	aa-wút khay-mee
nucleare (agg)	นิวเคลียร์	niw-khlia
armi (f pl) nucleari	อาวุธนิวเคลียร์	aa-wút niw-khlia
bomba (f)	ลูกระเบิด	lôok rá-bèrt
bomba (f) atomica	ลูกระเบิดปรมาณู	lôok rá-bèrt bpà-rá-maa-noo
pistola (f)	ปืนพก	bpeun phók
fucile (m)	ปืนไรเฟิล	bpeun rai-fern
mitra (m)	ปืนกลมือ	bpeun gon meu
mitragliatrice (f)	ปืนกล	bpeun gon
bocca (f)	ปากปะบอกปืน	bpàak bprà bòrk bpeun
canna (f)	ลำกลอง	lam glôrng
calibro (m)	ขนาดลำกลอง	khà-nàat lam glôrng
grilletto (m)	ไกปืน	gai bpeun
mirino (m)	ศูนย์เล็ง	sǒon leng
caricatore (m)	แม็กกาซีน	máek-gaa-seen
calcio (m)	พานท้ายปืน	phaan tháai bpeun
bomba (f) a mano	ระเบิดมือ	rá-bèrt meu
esplosivo (m)	วัตถุระเบิด	wát-thù rá-bèrt
pallottola (f)	ลูกกระสุน	lôok grà-sǔn
cartuccia (f)	ตลับกระสุน	dtà-làp grà-sǔn
carica (f)	กระสุน	grà-sǔn
munizioni (f pl)	อาวุธยุทธภัณฑ์	aa-wút yút-thá-phan
bombardiere (m)	เครื่องบินทิ้งระเบิด	khrêuang bin thíng rá-bèrt
aereo (m) da caccia	เครื่องบินขับไล่	khrêuang bin khàp lâi
elicottero (m)	เฮลิคอปเตอร์	hay-lí-khôrp-dtêr
cannone (m) antiaereo	ปืนต่อสู้	bpeun dtòr sôo
	อากาศยาน	aa-gàat-sà-yaan
carro (m) armato	รถถัง	rót thǎng
cannone (m)	ปืนรถถัง	bpeun rót thǎng
artiglieria (f)	ปืนใหญ่	bpeun yài
cannone (m)	ปืน	bpeun
mirare a ...	เล็งเป้าปืน	leng bpâo bpeun
proiettile (m)	กระสุน	grà-sǔn
granata (f) da mortaio	กระสุนปืนครก	grà-sǔn bpeun khrók
mortaio (m)	ปืนครก	bpeun khrók
scheggia (f)	สะเก็ดระเบิด	sà-gèt rá-bèrt
sottomarino (m)	เรือดำน้ำ	reua dam náam
siluro (m)	ตอร์ปิโด	dtor-bpì-doh
missile (m)	ขีปนาวุธ	khěe-bpà-naa-wút
caricare (~ una pistola)	ใส่กระสุน	sài grà-sǔn
sparare (vi)	ยิง	ying
puntare su ...	เล็ง	leng
baionetta (f)	ดาบปลายปืน	dàap bplaai bpeun

spada (f)	เรเปียร์	ray-bpia
sciabola (f)	ดาบโค้ง	dàap khóhng
lancia (f)	หอก	hòrk
arco (m)	ธนู	thá-noo
freccia (f)	ลูกธนู	lôok-thá-noo
moschetto (m)	ปืนคาบูศิลา	bpeun khâap sì-laa
balestra (f)	หน้าไม้	nâa máai

115. Gli antichi

primitivo (agg)	แบบดั้งเดิม	bàep dâng derm
preistorico (agg)	ยุคก่อนประวัติศาสตร์	yúk gòn bprà-wàt sàat
antico (agg)	โบราณ	boh-raan

Età (f) della pietra	ยุคหิน	yúk hĭn
Età (f) del bronzo	ยุคสำริด	yúk săm-rít
epoca (f) glaciale	ยุคน้ำแข็ง	yúk nám khăeng

tribù (f)	เผ่า	phào
cannibale (m)	ผู้ที่กินเนื้อคน	phôo thêe gin néua khon
cacciatore (m)	นักล่าสัตว์	nák lâa sàt
cacciare (vt)	ล่าสัตว์	lâa sàt
mammut (m)	ช้างแมมมอธ	cháang-maem-môt

caverna (f), grotta (f)	ถ้ำ	thâm
fuoco (m)	ไฟ	fai
falò (m)	กองไฟ	gorng fai
pittura (f) rupestre	ภาพวาดในถ้ำ	phâap-wâat nai thâm

strumento (m) di lavoro	เครื่องมือ	khrêuang meu
lancia (f)	หอก	hòrk
ascia (f) di pietra	ขวานหิน	khwăan hĭn
essere in guerra	ทำสงคราม	tham sŏng-khraam
addomesticare (vt)	เชื่อง	chêuang

idolo (m)	เทวรูป	theu-rôop
idolatrare (vt)	บูชา	boo-chaa
superstizione (f)	ความเชื่อมงาย	khwaam chêua ngom-ngaai
rito (m)	พิธีกรรม	phí-thee gam

| evoluzione (f) | วิวัฒนาการ | wí-wát-thá-naa-gaan |
| sviluppo (m) | การพัฒนา | gaan phát-thá-naa |

| estinzione (f) | การสูญพันธุ์ | gaan sŏon phan |
| adattarsi (vr) | ปรับตัว | bpràp dtua |

archeologia (f)	โบราณคดี	boh-raan khá-dee
archeologo (m)	นักโบราณคดี	nák boh-raan-ná-khá-dee
archeologico (agg)	ทางโบราณคดี	thaang boh-raan khá-dee

sito (m) archeologico	แหล่งขุดค้น	làeng khùt khón
scavi (m pl)	การขุดค้น	gaan khùt khón
reperto (m)	สิ่งที่คุณพบ	sìng thêe khón phóp
frammento (m)	เศษชิ้นส่วน	sàyt chín sùan

116. Il Medio Evo

popolo (m)	ชาติพันธุ์	châat-dtì-phan
popoli (m pl)	ชาติพันธุ์	châat-dtì-phan
tribù (f)	เผ่า	phào
tribù (f pl)	เผ่า	phào
barbari (m pl)	อนารยชน	à-naa-rá-yá-chon
galli (m pl)	ชาวโกล	chaao gloh
goti (m pl)	ชาวกอธ	chaao gòt
slavi (m pl)	ชาวสลาฟ	chaao sà-làaf
vichinghi (m pl)	ชาวไวกิ้ง	chaao wai-gîng
romani (m pl)	ชาวโรมัน	chaao roh-man
romano (agg)	โรมัน	roh-man
bizantini (m pl)	ชาวไบแซนไทน์	chaao bai-saen-tpai
Bisanzio (m)	ไบแซนเทียม	bai-saen-thiam
bizantino (agg)	ไบแซนไทน์	bai-saen-thai
imperatore (m)	จักรพรรดิ	jàk-grà-phát
capo (m)	ผู้นำ	phôo nam
potente (un re ~)	ทรงพลัง	song phá-lang
re (m)	มูหากษัตริย์	má-hǎa gà-sàt
governante (m) (sovrano)	ผู้ปกครอง	phôo bpòk khrorng
cavaliere (m)	อัศวิน	àt-sà-win
feudatario (m)	เจ้าครองนคร	jâo khrorng ná-khon
feudale (agg)	ระบบศักดินา	rá-bòp sàk-gà-dì naa
vassallo (m)	เจ้าของที่ดิน	jâo khǒrng thêe din
duca (m)	ดยุค	dà-yúk
conte (m)	เอิรล	ern
barone (m)	บารอน	baa-rorn
vescovo (m)	พระบิชอป	phrá bì-chôp
armatura (f)	เกราะ	gròr
scudo (m)	โล่	lôh
spada (f)	ดาบ	dàap
visiera (f)	กระบังหน้าของหมวก	gà-bang nâa khǒrng mùak
cotta (f) di maglia	เสื้อเกราะถัก	sêua gròr thàk
crociata (f)	สงครามครูเสด	sǒng-khraam khroo-sàyt
crociato (m)	ผู้ทำสงคราม	phôo tham sǒng-kraam
	ศาสนา	sàat-sà-nǎa
territorio (m)	อาณาเขต	aa-naa khàyt
attaccare (vt)	โจมตี	johm dtee
conquistare (vt)	ยึดครอง	yéut khrorng
occupare (invadere)	บุกยึด	bùk yéut
assedio (m)	การโอบล้อมโจมตี	gaan òhp lóm johm dtee
assediato (agg)	ถูกลอมกรอบ	thòok lóm gròp
assediare (vt)	ลอมโจมตี	lóm johm dtee
inquisizione (f)	การไตสวน	gaan dtài sǔan

113

inquisitore (m)	ผู้ไต่สวน	phôo dtài sǔan
tortura (f)	การทูรมาน	gaan thor-rá-maan
crudele (agg)	โหดร้าย	hòht ráai
eretico (m)	ผู้นอกรีต	phôo nôrk rêet
eresia (f)	ความนอกรีต	khwaam nôrk rêet

navigazione (f)	การเดินเรือทะเล	gaan dern reua thá-lay
pirata (m)	โจรสลัด	john sà-làt
pirateria (f)	การปลนสะดม ในนานน้ำทะเล	gaan bplôn-sà-dom nai nâan náam thá-lay
arrembaggio (m)	การบุกขึ้นเรือ	gaan bùk khêun reua
bottino (m)	ของที่ปลน สะดมมา	khǒrng têe bplôn- sà-dom maa
tesori (m)	สมบัติ	sǒm-bàt

scoperta (f)	การค้นพบ	gaan khón phóp
scoprire (~ nuove terre)	ค้นพบ	khón phóp
spedizione (f)	การสำรวจ	gaan sǎm-rùat

moschettiere (m)	ทหารถือ ปืนคาบศิลา	thá-hǎan thěu bpeun khâap sì-laa
cardinale (m)	พระคาร์ดินัล	phrá khaa-dì-nan
araldica (f)	มุทราศาสตร์	mút-raa sàat
araldico (agg)	ทางมุทราศาสตร์	thaang mút-raa sàat

117. Leader. Capo. Le autorità

re (m)	ราชา	raa-chaa
regina (f)	ราชินี	raa-chí-nee
reale (agg)	เกี่ยวกับราชวงศ์	gìeow gàp râat-cha-wong
regno (m)	ราชอาณาจักร	râat aa-naa jàk

principe (m)	เจ้าชาย	jâo chaai
principessa (f)	เจาหญิง	jâo yǐng

presidente (m)	ประธานาธิบดี	bprà-thaa-naa-thí-bor-dee
vicepresidente (m)	รองประธา นาธิบดี	rorng bprà-thaa- naa-thí-bor-dee
senatore (m)	สมาชิกวุฒิสภา	sà-maa-chík wút-thí sà-phaa

monarca (m)	กษัตริย์	gà-sàt
governante (m) (sovrano)	ผู้ปกครอง	phôo bpòk khrorng
dittatore (m)	เผด็จการ	phà-dèt gaan
tiranno (m)	ทรราช	thor-rá-râat
magnate (m)	ผู้มีอิทธิพลสูง	phôo mee ìt-thí phon sǒong

direttore (m)	ผู้อำนวยการ	phôo am-nuay gaan
capo (m)	หัวหน้า	hǔa-nâa
dirigente (m)	ผู้จัดการ	phôo jàt gaan
capo (m)	หัวหน้า	hǔa-nâa
proprietario (m)	เจาของ	jâo khǒrng

leader (m)	ผู้นำ	phôo nam
capo (m) (~ delegazione)	หัวหน้า	hǔa-nâa

| autorità (f pl) | เจ้าหน้าที่ | jâo nâa-thêe |
| superiori (m pl) | ผู้บังคับบัญชา | phôo bang-kháp ban-chaa |

governatore (m)	ผู้ว่าการ	phôo wâa gaan
console (m)	กงสุล	gong-sŭn
diplomatico (m)	นักการทูต	nák gaan thôot
sindaco (m)	นายกเทศมนตรี	naa-yók thâyt-sà-mon-dtree
sceriffo (m)	นายอำเภอ	naai am-pher

imperatore (m)	จักรพรรดิ	jàk-grà-phát
zar (m)	ซาร์	saa
faraone (m)	ฟาโรห์	faa-roh
khan (m)	ขาน	khàan

118. Infrangere la legge. Criminali. Parte 1

bandito (m)	โจร	john
delitto (m)	อาชญากรรม	àat-yaa-gam
criminale (m)	อาชญากร	àat-yaa-gon

ladro (m)	ขโมย	khà-moi
rubare (vi, vt)	ขโมย	khà-moi
ruberia (f)	การลักขโมย	gaan lák khà-moi
reato (m) di furto	การลักทรัพย์	gaan lák sáp

rapire (vt)	ลักพาตัว	lák phaa dtua
rapimento (m)	การลักพาตัว	gaan lák phaa dtua
rapitore (m)	ผู้ลักพาตัว	phôo lák phaa dtua

| riscatto (m) | ค่าไถ่ | khâa thài |
| chiedere il riscatto | เรียกเงินค่าไถ่ | rîak ngern khâa thài |

rapinare (vt)	ปล้น	bplôn
rapina (f)	การปล้น	gaan bplôn
rapinatore (m)	ขโมยขโจร	khà-moi khà-john

estorcere (vt)	รีดไถ	rêet thǎi
estorsore (m)	ผู้รีดไถ	phôo rêet thǎi
estorsione (f)	การรีดไถ	gaan rêet thǎi

uccidere (vt)	ฆ่า	khâa
assassinio (m)	ฆาตกรรม	khâat-dtà-gaam
assassino (m)	ฆาตกร	khâat-dtà-gon

sparo (m)	การยิงปืน	gaan ying bpeun
tirare un colpo	ยิง	ying
abbattere (con armi da fuoco)	ยิงให้ตาย	ying hâi dtaai
sparare (vi)	ยิง	ying
sparatoria (f)	การยิง	gaan ying

incidente (m) (rissa, ecc.)	เหตุการณ์	hàyt gaan
rissa (f)	การต่อสู้	gaan dtòr sôo
Aiuto!	ขอช่วย	khŏr chûay
vittima (f)	เหยื่อ	yèua

danneggiare (vt)	ทำความเสียหาย	tham khwaam sǐa hǎai
danno (m)	ความเสียหาย	khwaam sǐa hǎai
cadavere (m)	ศพ	sòp
grave (reato ~)	รายแรง	ráai raeng

aggredire (vt)	จู่โจม	jòo johm
picchiare (vt)	ตี	dtee
malmenare (picchiare)	ชอม	sórm
sottrarre (vt)	ปลน	bplôn
accoltellare a morte	แทงใหตาย	thaeng hâi dtaai
mutilare (vt)	ทำใหบาดเจ็บสาหัส	tham hâi bàat jèp sǎa hàt
ferire (vt)	บาด	bàat

ricatto (m)	การกรรโชก	gaan-gan-chôhk
ricattare (vt)	กูรรโชก	gan-chôhk
ricattatore (m)	ผูขูกรรโชก	phôo khòo gan-chôhk

estorsione (f)	การคุมครอง ผิดกฎหมาย	gaan khum khrorng phìt gòt mǎai
estortore (m)	ผูที่หาเงิน จากกิจกรรมที่ ผิดกฎหมาย	phôo thêe hǎa ngern jàak gìt-jà-gam thêe phìt gòt mǎai
gangster (m)	เหลาราย	lào ráai
mafia (f)	มาเฟย	maa-fia

borseggiatore (m)	ขโมยลวงกระเปา	khà-moi lúang grà-bpǎo
scassinatore (m)	ขโมยยองเบา	khà-moi yông bao
contrabbando (m)	การลักลอบ	gaan lák-lôrp
contrabbandiere (m)	ผูลักลอบ	phôo lák lôrp

falsificazione (f)	การปลอมแปลง	gaan bplorm bplaeng
falsificare (vt)	ปลอมแปลง	bplorm bplaeng
falso, falsificato (agg)	ปลอม	bplorm

119. Infrangere la legge. Criminali. Parte 2

stupro (m)	การขมขืน	gaan khòm khěun
stuprare (vt)	ขมขืน	khòm khěun
stupratore (m)	โจรขมขืน	john khòm khěun
maniaco (m)	คนบา	khon bâa

prostituta (f)	โสเภณี	sǒh-phay-nee
prostituzione (f)	การคาประเวณี	gaan kháa bprà-way-nee
magnaccia (m)	แมงดา	maeng-daa

drogato (m)	ผูติดยาเสพติด	phôo dtìt yaa-sàyp-dtìt
trafficante (m) di droga	พอคายาเสพติด	phôr kháa yaa-sàyp-dtìt

far esplodere	ระเบิด	rá-bèrt
esplosione (f)	การระเบิด	gaan rá-bèrt
incendiare (vt)	เผา	phǎo
incendiario (m)	ผูลอบวางเพลิง	phôo lôp waang phlerng
terrorismo (m)	การกอการราย	gaan gòr gaan ráai
terrorista (m)	ผูกอการราย	phôo gòr gaan ráai

ostaggio (m)	ตัวประกัน	dtua bprà-gan
imbrogliare (vt)	ลอลวง	lôr luang
imbroglio (m)	การลอลวง	gaan lôr luang
imbroglione (m)	นักตมตุน	nák dtôm dtŭn

corrompere (vt)	ติดสินบน	dtìt sĭn-bon
corruzione (f)	การติดสินบน	gaan dtìt sĭn-bon
bustarella (f)	สินบน	sĭn bon

veleno (m)	ยาพิษ	yaa phít
avvelenare (vt)	วางยาพิษ	waang-yaa phít
avvelenarsi (vr)	กินยาตาย	gin yaa dtaai

suicidio (m)	การฆาตัวตาย	gaan khâa dtua dtaai
suicida (m)	ผูฆาตัวตาย	phôo khâa dtua dtaai

minacciare (vt)	ขู	khòo
minaccia (f)	คำขู	kham khòo
attentare (vi)	พยายามฆา	phá-yaa-yaam khâa
attentato (m)	การพยายามฆา	gaan phá-yaa-yaam khâa

rubare (~ una macchina)	จี้	jêe
dirottare (~ un aereo)	จี	jêe

vendetta (f)	การแกแคน	gaan gâe kháen
vendicare (vt)	แกแคน	gâe kháen

torturare (vt)	ทรมาณ	thon-maan
tortura (f)	การทรมาน	gaan thor-rá-maan
maltrattare (vt)	ทำทารุณ	tam taa-run

pirata (m)	โจรสลัด	john sà-làt
teppista (m)	นักเลง	nák-layng
armato (agg)	มีอาวุธ	mee aa-wút
violenza (f)	ความรุนแรง	khwaam run raeng
illegale (agg)	ผิดกฎหมาย	phìt gòt mǎai

spionaggio (m)	จารกรรม	jaa-rá-gam
spiare (vi)	ลวงความลับ	lúang khwaam láp

120. Polizia. Legge. Parte 1

giustizia (f)	ยุติธรรม	yút-dtì-tham
tribunale (m)	ศาล	sǎan

giudice (m)	ผูพิพากษา	phôo phí-phâak-sǎa
giurati (m)	ลูกขุน	lôok khŭn
processo (m) con giuria	การไตสวนคดี แบบมีลูกขุน	gaan dtài sǔan khá-dee bàep mee lôok khŭn
giudicare (vt)	พิพากษา	phí-phâak-sǎa

avvocato (m)	ทนายความ	thá-naai khwaam
imputato (m)	จำเลย	jam loie
banco (m) degli imputati	คอกจำเลย	khôrk jam loie

| accusa (f) | ข้อกล่าวหา | khôr glàao hǎa |
| accusato (m) | ถูกกล่าวหา | thòok glàao hǎa |

| condanna (f) | การลงโทษ | gaan long thôht |
| condannare (vt) | พิพากษา | phí-phâak-sǎa |

colpevole (m)	ผู้กระทำความผิด	phôo grà-tham khwaam phìt
punire (vt)	ลงโทษ	long thôht
punizione (f)	การลงโทษ	gaan long thôht

multa (f), ammenda (f)	ปรับ	bpràp
ergastolo (m)	การจำคุก	gaan jam khúk
	ตลอดชีวิต	dtà-lòt chee-wít
pena (f) di morte	โทษประหาร	thôht-bprà-hǎan
sedia (f) elettrica	เก้าอี้ไฟฟ้า	gâo-êe fai-fáa
impiccagione (f)	ตะแลงแกง	dtà-laeng-gaeng

| giustiziare (vt) | ประหาร | bprà-hǎan |
| esecuzione (f) | การประหาร | gaan bprà-hǎan |

| prigione (f) | คุก | khúk |
| cella (f) | ห้องขัง | hôrng khǎng |

scorta (f)	ผู้ควบคุมตัว	phôo khûap khum dtua
guardia (f) carceraria	ผู้คุม	phôo khum
prigioniero (m)	นักโทษ	nák thôht

| manette (f pl) | กุญแจมือ | gun-jae meu |
| mettere le manette | ใส่กุญแจมือ | sài gun-jae meu |

fuga (f)	การแหกคุก	gaan hàek khúk
fuggire (vi)	แหก	hàek
scomparire (vi)	หายตัวไป	hǎai dtua bpai

| liberare (vt) | ถูกปล่อยตัว | thòok bplòi dtua |
| amnistia (f) | การนิรโทษกรรม | gaan ní-rá-thôht gam |

polizia (f)	ตำรวจ	dtam-rùat
poliziotto (m)	เจ้าหน้าที่ตำรวจ	jâo nâa-thêe dtam-rùat
commissariato (m)	สถานีตำรวจ	sà-thǎa-nee dtam-rùat

| manganello (m) | กระบองตำรวจ | grà-bong dtam-rùat |
| altoparlante (m) | โทรโข่ง | toh-ra -khòhng |

| macchina (f) di pattuglia | รถลาดตระเวน | rót lâat dtrà-wayn |
| sirena (f) | หวอ | wǒr |

| mettere la sirena | เปิดหวอ | bpèrt wǒr |
| suono (m) della sirena | เสียงหวอ | sǐang wǒr |

luogo (m) del crimine	ที่เกิดเหตุ	thêe gèrt hàyt
testimone (m)	พยาน	phá-yaan
libertà (f)	อิสระ	ìt-sà-rà
complice (m)	ผู้ร่วมกระทำผิด	phôo rûam grà-tham phìt
fuggire (vi)	หนี	něe
traccia (f)	ร่องรอย	rông roi

121. Polizia. Legge. Parte 2

ricerca (f) (~ di un criminale)	การสืบสวน	gaan sèup sŭan
cercare (vt)	หาตัว	hăa dtua
sospetto (m)	ความสงสัย	khwaam sŏng-săi
sospetto (agg)	น่าสงสัย	nâa sŏng-săi
fermare (vt)	เรียกให้หยุด	rîak hâi yùt
arrestare (qn)	กักตัว	gàk dtua
causa (f)	คดี	khá-dee
inchiesta (f)	การสืบสวน	gaan sèup sŭan
detective (m)	นักสืบ	nák sèup
investigatore (m)	นักสอบสวน	nák sòrp sŭan
versione (f)	สันนิษฐาน	săn-nít-thăan
movente (m)	เหตุจูงใจ	hàyt joong jai
interrogatorio (m)	การสอบปากคำ	gaan sòp bpàak kham
interrogare (sospetto)	สอบสวน	sòrp sŭan
interrogare (vicini)	ไต่ถาม	thài thăam
controllo (m) (~ di polizia)	การตรวจสอบ	gaan dtrùat sòp
retata (f)	การรวบตัว	gaan rûap dtua
perquisizione (f)	การตรวจค้น	gaan dtrùat khón
inseguimento (m)	การไล่ล่า	gaan lâi lâa
inseguire (vt)	ไล่ล่า	lâi lâa
essere sulle tracce	สืบ	sèup
arresto (m)	การจับกุม	gaan jàp gum
arrestare (qn)	จับกุม	jàp gum
catturare (~ un ladro)	จับ	jàp
cattura (f)	การจับ	gaan jàp
documento (m)	เอกสาร	àyk săan
prova (f), reperto (m)	หลักฐาน	làk thăan
provare (vt)	พิสูจน์	phí-sòot
impronta (f) del piede	รอยเท้า	roi tháo
impronte (f pl) digitali	รอยนิ้วมือ	roi níw meu
elemento (m) di prova	หลักฐาน	làk thăan
alibi (m)	ข้อแก้ตัว	khôr gâe dtua
innocente (agg)	พ้นผิด	phón phìt
ingiustizia (f)	ความอยุติธรรม	khwaam a-yút-dtì-tam
ingiusto (agg)	ไม่เป็นธรรม	mâi bpen-tham
criminale (agg)	อาชญากร	àat-yaa-gon
confiscare (vt)	ยึด	yéut
droga (f)	ยาเสพติด	yaa sàyp dtìt
armi (f pl)	อาวุธ	aa-wút
disarmare (vt)	ปลดอาวุธ	bplòt aa-wút
ordinare (vt)	ออกคำสั่ง	òrk kham sàng
sparire (vi)	หายตัวไป	hăai dtua bpai
legge (f)	กฎหมาย	gòt măai
legale (agg)	ตามกฎหมาย	dtaam gòt măai
illegale (agg)	ผิดกฎหมาย	phìt gòt măai

119

| responsabilità (f) | ความรับผิดชอบ | khwaam ráp phìt chôp |
| responsabile (agg) | รับผิดชอบ | ráp phìt chôp |

LA NATURA

La Terra. Parte 1

122. L'Universo

cosmo (m)	อวกาศ	a-wá-gàat
cosmico, spaziale (agg)	ทางอวกาศ	thang a-wá-gàat
spazio (m) cosmico	อวกาศ	a-wá-gàat
mondo (m)	โลก	lôhk
universo (m)	จักรวาล	jàk-grà-waan
galassia (f)	ดาราจักร	daa-raa jàk
stella (f)	ดาว	daao
costellazione (f)	กลุ่มดาว	glùm daao
pianeta (m)	ดาวเคราะห์	daao khrór
satellite (m)	ดาวเทียม	daao thiam
meteorite (m)	ดาวตก	daao dtòk
cometa (f)	ดาวหาง	daao hăang
asteroide (m)	ดาวเคราะห์น้อย	daao khrór nói
orbita (f)	วงโคจร	wong khoh-jon
ruotare (vi)	เวียน	wian
atmosfera (f)	บรรยากาศ	ban-yaa-gàat
il Sole	ดวงอาทิตย์	duang aa-thít
sistema (m) solare	ระบบสุริยะ	rá-bòp sù-rí-yá
eclisse (f) solare	สุริยุปราคา	sù rí-yú-bpà-raa-kaa
la Terra	โลก	lôhk
la Luna	ดวงจันทร์	duang jan
Marte (m)	ดาวอังคาร	daao ang-khaan
Venere (f)	ดาวศุกร์	daao sùk
Giove (m)	ดาวพฤหัส	daao phá-réu-hàt
Saturno (m)	ดาวเสาร์	daao săo
Mercurio (m)	ดาวพุธ	daao phút
Urano (m)	ดาวยูเรนัส	daao-yoo-ray-nát
Nettuno (m)	ดาวเนปจูน	daao-nâyp-joon
Plutone (m)	ดาวพลูโต	daao phloo-dtoh
Via (f) Lattea	ทางช้างเผือก	thaang cháang phèuak
Orsa (f) Maggiore	กลุ่มดาวหมีใหญ่	glùm daao mĕe yài
Stella (f) Polare	ดาวเหนือ	daao nĕua
marziano (m)	ชาวดาวอังคาร	chaao daao ang-khaan
extraterrestre (m)	มนุษย์ต่างดาว	má-nút dtàang daao

121

alieno (m)	มนุษย์ต่างดาว	má-nút dtàang daao
disco (m) volante	จานบิน	jaan bin

nave (f) spaziale	ยานอวกาศ	yaan a-wá-gàat
stazione (f) spaziale	สถานีอวกาศ	sà-thăa-nee a-wá-gàat
lancio (m)	การปลอยจรวด	gaan bplòi jà-rùat

motore (m)	เครื่องยนต์	khrêuang yon
ugello (m)	ทอไอพน	thôr ai phôn
combustibile (m)	เชื้อเพลิง	chéua phlerng

cabina (f) di pilotaggio	ที่นั่งคนขับ	thêe nâng khon khàp
antenna (f)	เสาอากาศ	săo aa-gàat
oblò (m)	ชอง	chôrng
batteria (f) solare	อุปกรณ์พลังงาน	ù-bpà-gon phá-lang ngaan
	แสงอาทิตย	săeng aa-thít
scafandro (m)	ชุดอวกาศ	chút a-wá-gàat

imponderabilità (f)	สภาพไร้น้ำหนัก	sà-phâap rái nám nàk
ossigeno (m)	อ็อกซิเจน	ók sí jayn

aggancio (m)	การเทียบท่า	gaan thîap thâa
agganciarsi (vr)	เทียบทา	thîap thâa

osservatorio (m)	หอดูดาว	hŏr doo daao
telescopio (m)	กล้องโทรทรรศน์	glôrng thoh-rá-thát
osservare (vt)	เฝ้าสังเกต	fâo săng-gàyt
esplorare (vt)	สำรวจ	săm-rùat

123. La Terra

la Terra	โลก	lôhk
globo (m) terrestre	ลูกโลก	lôok lôhk
pianeta (m)	ดาวเคราะห์	daao khrór

atmosfera (f)	บรรยากาศ	ban-yaa-gàat
geografia (f)	ภูมิศาสตร์	phoo-mí-sàat
natura (f)	ธรรมชาติ	tham-má-châat

mappamondo (m)	ลูกโลก	lôok lôhk
carta (f) geografica	แผนที่	phăen thêe
atlante (m)	หนังสือแผนที่โลก	năng-sĕu phăen thêe lôhk

Europa (f)	ยุโรป	yú-ròhp
Asia (f)	เอเชีย	ay-chia
Africa (f)	แอฟริกา	àef-rí-gaa
Australia (f)	ออสเตรเลีย	òrt-dtray-lia

America (f)	อเมริกา	a-may-rí-gaa
America (f) del Nord	อเมริกาเหนือ	a-may-rí-gaa nĕua
America (f) del Sud	อเมริกาใต้	a-may-rí-gaa dtâi

Antartide (f)	แอนตาร์กติกา	aen-dtàak-dtì-gaa
Artico (m)	อารกติค	àak-dtìk

124. Punti cardinali

nord (m)	เหนือ	něua
a nord	ทิศเหนือ	thít něua
al nord	ที่ภาคเหนือ	thêe phâak něua
del nord (agg)	ทางเหนือ	thaang něua
sud (m)	ใต้	dtâi
a sud	ทิศใต้	thít dtâi
al sud	ที่ภาคใต้	thêe phâak dtâi
del sud (agg)	ทางใต้	thaang dtâi
ovest (m)	ตะวันตก	dtà-wan dtòk
a ovest	ทิศตะวันตก	thít dtà-wan dtòk
all'ovest	ที่ภาคตะวันตก	thêe phâak dtà-wan dtòk
dell'ovest, occidentale	ทางตะวันตก	thaang dtà-wan dtòk
est (m)	ตะวันออก	dtà-wan òrk
a est	ทิศตะวันออก	thít dtà-wan òrk
all'est	ที่ภาคตะวันออก	thêe phâak dtà-wan òrk
dell'est, orientale	ทางตะวันออก	thaang dtà-wan òrk

125. Mare. Oceano

mare (m)	ทะเล	thá-lay
oceano (m)	มหาสมุทร	má-hǎa sà-mùt
golfo (m)	อ่าว	àao
stretto (m)	ช่องแคบ	chôrng khâep
terra (f) (terra firma)	พื้นดิน	phéun din
continente (m)	ทวีป	thá-wêep
isola (f)	เกาะ	gòr
penisola (f)	คาบสมุทร	khâap sà-mùt
arcipelago (m)	หมู่เกาะ	mòo gòr
baia (f)	อ่าว	àao
porto (m)	ท่าเรือ	thâa reua
laguna (f)	ลากูน	laa-goon
capo (m)	แหลม	lǎem
atollo (m)	อะทอลล์	à-thorn
scogliera (f)	แนวปะการัง	naew bpà-gaa-rang
corallo (m)	ปะการัง	bpà gaa-rang
barriera (f) corallina	แนวปะการัง	naew bpà-gaa-rang
profondo (agg)	ลึก	léuk
profondità (f)	ความลึก	khwaam léuk
abisso (m)	หุบเหวลึก	hùp wǎy léuk
fossa (f) (~ delle Marianne)	ร่องลึกก้นสมุทร	rôhng léuk gôn sà-mùt
corrente (f)	กระแสน้ำ	grà-sǎe náam
circondare (vt)	ล้อมรอบ	lórm rôrp

| litorale (m) | ชายฝั่ง | chaai fàng |
| costa (f) | ชายฝั่ง | chaai fàng |

alta marea (f)	น้ำขึ้น	náam khêun
bassa marea (f)	น้ำลง	náam long
banco (m) di sabbia	หาดตื้น	hàat dtêun
fondo (m)	กนทะเล	gôn thá-lay

onda (f)	คลื่น	khlêun
cresta (f) dell'onda	มวนคลื่น	múan khlêun
schiuma (f)	ฟองคลื่น	forng khlêun

tempesta (f)	พายุ	phaa-yú
uragano (m)	พายุเฮอริเคน	phaa-yú her-rí-khayn
tsunami (m)	คลื่นยักษ์	khlêun yák
bonaccia (f)	ภาวะไรลมพัด	phaa-wá rái lom phát
tranquillo (agg)	สงบ	sà-ngòp

| polo (m) | ขั้วโลก | khûa lôhk |
| polare (agg) | ขั้วโลก | khûa lôhk |

latitudine (f)	เส้นรุ้ง	sên rúng
longitudine (f)	เสนแวง	sên waeng
parallelo (m)	เสนขนาน	sên khà-nǎan
equatore (m)	เสนศูนยสูตร	sên sǒon sòot

cielo (m)	ท้องฟ้า	thórng fáa
orizzonte (m)	ขอบฟ้า	khòrp fáa
aria (f)	อากาศ	aa-gàat

faro (m)	ประภาคาร	bprà-phaa-khaan
tuffarsi (vr)	ดำ	dam
affondare (andare a fondo)	จม	jom
tesori (m)	สมบัติ	sǒm-bàt

126. Nomi dei mari e degli oceani

Oceano (m) Atlantico	มหาสมุทรแอตแลนติก	má-hǎa sà-mùt àet-laen-dtìk
Oceano (m) Indiano	มหาสมุทรอินเดีย	má-hǎa sà-mùt in-dia
Oceano (m) Pacifico	มหาสมุทรแปซิฟิก	má-hǎa sà-mùt bpae-sí-fík
mar (m) Glaciale Artico	มหาสมุทรอารคติก	má-hǎa sà-mùt aa-ká-dtìk

mar (m) Nero	ทะเลดำ	thá-lay dam
mar (m) Rosso	ทะเลแดง	thá-lay daeng
mar (m) Giallo	ทะเลเหลือง	thá-lay lěuang
mar (m) Bianco	ทะเลขาว	thá-lay khǎao

mar (m) Caspio	ทะเลแคสเปียน	thá-lay khâet-bpian
mar (m) Morto	ทะเลเดดซี	thá-lay dàyt-see
mar (m) Mediterraneo	ทะเลเมดิเตอร์เรเนียน	thá-lay may-dì-dtêr-ray-nian

mar (m) Egeo	ทะเลเอเจี้ยน	thá-lay ay-jîan
mar (m) Adriatico	ทะเลเอเดรียติก	thá-lay ay-day-ree-yá-dtìk
mar (m) Arabico	ทะเลอาหรับ	thá-lay aa-ràp

mar (m) del Giappone	ทะเลญี่ปุ่น	thá-lay yêe-bpùn
mare (m) di Bering	ทะเลเบริง	thá-lay bae-rîng
mar (m) Cinese meridionale	ทะเลจีนใต้	thá-lay jeen-dtâi
mar (m) dei Coralli	ทะเลคอรัล	thá-lay khor-ran
mar (m) di Tasman	ทะเลแทสมัน	thá-lay thâet man
mar (m) dei Caraibi	ทะเลแคริบเบียน	thá-lay khae-ríp-bian
mare (m) di Barents	ทะเลบาเรนท์	thá-lay baa-rayn
mare (m) di Kara	ทะเลคารา	thá-lay khaa-raa
mare (m) del Nord	ทะเลเหนือ	thá-lay nĕua
mar (m) Baltico	ทะเลบอลติก	thá-lay bon-dtìk
mare (m) di Norvegia	ทะเลนอรเวย์	thá-lay nor-rá-way

127. Montagne

monte (m), montagna (f)	ภูเขา	phoo khăo
catena (f) montuosa	ทิวเขา	thiw khăo
crinale (m)	สันเขา	săn khăo
cima (f)	ยอดเขา	yôrt khăo
picco (m)	ยอด	yôrt
piedi (m pl)	ตีนเขา	dteun khăo
pendio (m)	ไหลเขา	lài khăo
vulcano (m)	ภูเขาไฟ	phoo khăo fai
vulcano (m) attivo	ภูเขาไฟมีพลัง	phoo khăo fai mee phá-lang
vulcano (m) inattivo	ภูเขาไฟที่ดับแล้ว	phoo khăo fai thêe dàp láew
eruzione (f)	ภูเขาไฟระเบิด	phoo khăo fai rá-bèrt
cratere (m)	ปล่องภูเขาไฟ	bplòng phoo khăo fai
magma (m)	หินหนืด	hĭn nèut
lava (f)	ลาวา	laa-waa
fuso (lava -a)	หลอมเหลว	lŏrm lĕo
canyon (m)	หุบเขาลึก	hùp khăo léuk
gola (f)	ช่องเขา	chôrng khăo
crepaccio (m)	รอยแตกภูเขา	roi dtàek phoo khăo
precipizio (m)	หุบเหวลึก	hùp wăy léuk
passo (m), valico (m)	ทางผ่าน	thaang phàan
altopiano (m)	ที่ราบสูง	thêe râap sŏong
falesia (f)	หน้าผา	nâa phăa
collina (f)	เนินเขา	nern khăo
ghiacciaio (m)	ธารน้ำแข็ง	thaan náam khăeng
cascata (f)	น้ำตก	nám dtòk
geyser (m)	น้ำพุร้อน	nám phú rórn
lago (m)	ทะเลสาบ	thá-lay sàap
pianura (f)	ที่ราบ	thêe râap
paesaggio (m)	ภูมิทัศน์	phoom thát
eco (f)	เสียงสะท้อน	sĭang sà-thón

alpinista (m)	นักปีนเขา	nák bpeen khǎo
scalatore (m)	นักไต่เขา	nák dtài khǎo
conquistare (~ una cima)	ไต่เขาถึงยอด	dtài khǎo thěung yôt
scalata (f)	การปีนเขา	gaan bpeen khǎo

128. Nomi delle montagne

Alpi (f pl)	เทือกเขาแอลป์	thêuak-khǎo-aen
Monte (m) Bianco	ยอดเขามงบล็อง	yôt khǎo mong-bà-lǒng
Pirenei (m pl)	เทือกเขาไพรีนีส	thêuak khǎo pai-ree-nêet
Carpazi (m pl)	เทือกเขาคาร์เพเทียน	thêuak khǎo khaa-phay-thian
gli Urali (m pl)	เทือกเขายูรัล	thêuak khǎo yoo-ran
Caucaso (m)	เทือกเขาคอเคซัส	thêuak khǎo khor-khay-sát
Monte (m) Elbrus	ยอดเขาเอลบรุส	yôt khǎo ayn-brùt
Monti (m pl) Altai	เทือกเขาอัลไต	thêuak khǎo an-dtai
Tien Shan (m)	เทือกเขาเทียนชาน	thêuak khǎo thian-chaan
Pamir (m)	เทือกเขาพาเมียร	thêuak khǎo paa-mia
Himalaia (m)	เทือกเขาหิมาลัย	thêuak khǎo hì-maa-lai
Everest (m)	ยอดเขาเอเวอเรสต์	yôt khǎo ay-wer-râyt
Ande (f pl)	เทือกเขาแอนดีส	thêuak-khǎo-aen-dèet
Kilimangiaro (m)	ยอดเขาคิลิมันจาโร	yôt khǎo khí-lí-man-jaa-roh

129. Fiumi

fiume (m)	แม่น้ำ	mâe náam
fonte (f) (sorgente)	แหล่งน้ำแร่	làeng náam râe
letto (m) (~ del fiume)	เส้นทางแม่น้ำ	sên thaang mâe náam
bacino (m)	ลุ่มน้ำ	lûm náam
sfociare nel ...	ไหลไปสู่...	lǎi bpai sòo...
affluente (m)	สาขา	sǎa-khǎa
riva (f)	ฝั่งแม่น้ำ	fàng mâe náam
corrente (f)	กระแสน้ำ	grà-sǎe náam
a valle	ตามกระแสน้ำ	dtaam grà-sǎe náam
a monte	ทวนน้ำ	thuan náam
inondazione (f)	น้ำท่วม	nám thûam
piena (f)	น้ำท่วม	nám thûam
straripare (vi)	เออล้น	èr lón
inondare (vt)	ท่วม	thûam
secca (f)	บริเวณน้ำตื้น	bor-rí-wayn nám dtêun
rapida (f)	กระแสน้ำเชี่ยว	grà-sǎe nám-chîeow
diga (f)	เขื่อน	khèuan
canale (m)	คลอง	khlorng
bacino (m) di riserva	ที่เก็บกักน้ำ	thêe gèp gàk náam
chiusa (f)	ประตูระบายน้ำ	bprà-dtoo rá-baai náam

specchio (m) d'acqua	พื้นน้ำ	phéun náam
palude (f)	บึง	beung
pantano (m)	ห้วย	hûay
vortice (m)	น้ำวน	nám won

ruscello (m)	ลำธาร	lam thaan
potabile (agg)	น้ำดื่มได้	nám dèum dâai
dolce (di acqua ~)	น้ำจืด	nám jèut

| ghiaccio (m) | น้ำแข็ง | nám khǎeng |
| ghiacciarsi (vr) | แชแข็ง | châe khǎeng |

130. Nomi dei fiumi

| Senna (f) | แม่น้ำเซน | mâe náam sayn |
| Loira (f) | แมน้ำลัวร์ | mâe-náam lua |

Tamigi (m)	แม่น้ำเทมส์	mâe-náam them
Reno (m)	แม่น้ำไรน์	mâe-náam rai
Danubio (m)	แมน้ำดานูบ	mâe-náam daa-nôop

Volga (m)	แม่น้ำวอลกา	mâe-náam won-gaa
Don (m)	แม่น้ำดอน	mâe-náam don
Lena (f)	แมน้ำลีนา	mâe-náam lee-naa

Fiume (m) Giallo	แม่น้ำหวง	mâe-náam hǔang
Fiume (m) Azzurro	แม่น้ำแยงซี	mâe-náam yaeng-see
Mekong (m)	แม่น้ำโขง	mâe-náam khǒhng
Gange (m)	แมน้ำคงคา	mâe-náam khong-khaa

Nilo (m)	แม่น้ำไนล์	mâe-náam nai
Congo (m)	แม่น้ำคองโก	mâe-náam khong-goh
Okavango	แมน้ำ โอคาวังโก	mâe-náam oh-khaa wang goh
Zambesi (m)	แม่น้ำแซมบีซี	mâe-náam saem bee see
Limpopo (m)	แม่น้ำลิมโปโป	mâe-náam lim-bpoh-bpoɪ
Mississippi (m)	แมน้ำมิสซิสซิปปี	mâe-náam mít-sít-síp-bpee

131. Foresta

| foresta (f) | ป่าไม้ | bpàa máai |
| forestale (agg) | ป่า | bpàa |

foresta (f) fitta	ป่าทึบ	bpàa théup
boschetto (m)	ป่าละเมาะ	bpàa lá-mór
radura (f)	ทุงโลง	thûng lôhng

| roveto (m) | ป่าละเมาะ | bpàa lá-mór |
| boscaglia (f) | ป่าละเมาะ | bpàa lá-mór |

| sentiero (m) | ทางเดิน | thaang dern |
| calanco (m) | รองธาร | rông thaan |

albero (m)	ต้นไม้	dtôn máai
foglia (f)	ใบไม้	bai máai
fogliame (m)	ใบไม้	bai máai

caduta (f) delle foglie	ใบไม้ร่วง	bai máai rûang
cadere (vi)	ร่วง	rûang
cima (f)	ยอด	yôrt

ramo (m), ramoscello (m)	กิ่ง	gìng
ramo (m)	ก้านไม้	gâan mái
gemma (f)	ยอดออน	yôrt òrn
ago (m)	เข็ม	khěm
pigna (f)	ลูกสน	lôok sŏn

cavità (f)	โพรงไม้	phrohng máai
nido (m)	รัง	rang
tana (f) (del fox, ecc.)	โพรง	phrohng

tronco (m)	ลำต้น	lam dtôn
radice (f)	ราก	râak
corteccia (f)	เปลือกไม้	bplèuak máai
musco (m)	มอส	môt

sradicare (vt)	ถอนราก	thŏrn râak
abbattere (~ un albero)	โคน	khôhn
disboscare (vt)	ตัดไม้ทำลายป่า	dtàt mái tham laai bpàa
ceppo (m)	ตอไม้	dtor máai

falò (m)	กองไฟ	gorng fai
incendio (m) boschivo	ไฟป่า	fai bpàa
spegnere (vt)	ดับไฟ	dàp fai

guardia (f) forestale	เจ้าหน้าที่ดูแลป่า	jâo nâa-thêe doo lae bpàa
protezione (f)	การปกป้อง	gaan bpòk bpôrng
proteggere (~ la natura)	ปกป้อง	bpòk bpôrng
bracconiere (m)	นักลอบล่าสัตว์	nák lôrp lâa sàt
tagliola (f) (~ per orsi)	กับดักเหล็ก	gàp dàk lèk

raccogliere (vt)	เก็บ	gèp
perdersi (vr)	หลงทาง	lŏng thaang

132. Risorse naturali

risorse (f pl) naturali	ทรัพยากร ธรรมชาติ	sáp-pá-yaa-gon tham-má-châat
minerali (m pl)	แร่	râe
deposito (m) (~ di carbone)	ตะกอน	dtà-gorn
giacimento (m) (~ petrolifero)	บ่อ	bòr

estrarre (vt)	ขุดแร่	khùt râe
estrazione (f)	การขุดแร่	gaan khùt râe
minerale (m) grezzo	แร่	râe
miniera (f)	เหมืองแร่	měuang râe
pozzo (m) di miniera	ช่องเหมือง	chôrng měuang

minatore (m)	คนงานเหมือง	khon ngaan mĕuang
gas (m)	แก๊ส	gáet
gasdotto (m)	ท่อแก๊ส	thôr gáet

petrolio (m)	น้ำมัน	nám man
oleodotto (m)	ท่อน้ำมัน	thôr náam man
torre (f) di estrazione	บ่อน้ำมัน	bòr náam man
torre (f) di trivellazione	ปั้นจั่นขนาดใหญ่	bpân jàn khà-nàat yài
petroliera (f)	เรือบรรทุกน้ำมัน	reua ban-thúk nám man

sabbia (f)	ทราย	saai
calcare (m)	หินปูน	hĭn bpoon
ghiaia (f)	กรวด	grùat
torba (f)	พีต	phêet
argilla (f)	ดินเหนียว	din nĭeow
carbone (m)	ถ่านหิน	thàan hĭn

ferro (m)	เหล็ก	lèk
oro (m)	ทอง	thorng
argento (m)	เงิน	ngern
nichel (m)	นิเกิล	ní-gêrn
rame (m)	ทองแดง	thorng daeng

zinco (m)	สังกะสี	săng-gà-sĕe
manganese (m)	แมงกานีส	maeng-gaa-nêet
mercurio (m)	ปรอท	bpa -ròrt
piombo (m)	ตะกั่ว	dtà-gùa

minerale (m)	แร่	râe
cristallo (m)	ผลึก	phà-lèuk
marmo (m)	หินอ่อน	hĭn òrn
uranio (m)	ยูเรเนียม	yoo-ray-niam

La Terra. Parte 2

133. Tempo

tempo (m)	สภาพอากาศ	sà-phâap aa-gàat
previsione (f) del tempo	พยากรณ์	phá-yaa-gon
	สภาพอากาศ	sà-phâap aa-gàat
temperatura (f)	อุณหภูมิ	un-hà-phoom
termometro (m)	ปรอทวัดอุณหภูมิ	bpà-ròrt wát un-hà-phoom
barometro (m)	เครื่องวัดความดัน	khrêuang wát khwaam dan
	บรรยากาศ	ban-yaa-gàat
umido (agg)	ชื้น	chéun
umidità (f)	ความชื้น	khwaam chéun
caldo (m), afa (f)	ความร้อน	khwaam rórn
molto caldo (agg)	ร้อน	rórn
fa molto caldo	มันร้อน	man rórn
fa caldo	มันอุ่น	man ùn
caldo, mite (agg)	อุ่น	ùn
fa freddo	อากาศเย็น	aa-gàat yen
freddo (agg)	เย็น	yen
sole (m)	ดวงอาทิตย์	duang aa-thít
splendere (vi)	สองแสง	sòrng sǎeng
di sole (una giornata ~)	มีแสงแดด	mee sǎeng dàet
sorgere, levarsi (vr)	ขึ้น	khêun
tramontare (vi)	ตก	dtòk
nuvola (f)	เมฆ	mâyk
nuvoloso (agg)	มีเมฆมาก	mee mâyk mâak
nube (f) di pioggia	เมฆฝน	mâyk fǒn
nuvoloso (agg)	มืดครึ้ม	mêut khréum
pioggia (f)	ฝน	fǒn
piove	ฝนตก	fǒn dtòk
piovoso (agg)	ฝนตก	fǒn dtòk
piovigginare (vi)	ฝนปรอย	fòn bproi
pioggia (f) torrenziale	ฝนตกหนัก	fǒn dtòk nàk
acquazzone (m)	ฝนห่าใหญ่	fǒn hàa yài
forte (una ~ pioggia)	หนัก	nàk
pozzanghera (f)	หลมน้ำ	lòm nám
bagnarsi (~ sotto la pioggia)	เปียก	bpìak
foschia (f), nebbia (f)	หมอก	mòrk
nebbioso (agg)	หมอกจัด	mòrk jàt
neve (f)	หิมะ	hì-má
nevica	หิมะตก	hì-má dtòk

134. Rigide condizioni metereologiche. Disastri naturali

temporale (m)	พายุฟ้าคะนอง	phaa-yú fáa khá-nong
fulmine (f)	ฟ้าผ่า	fáa phàa
lampeggiare (vi)	แลบ	lâep
tuono (m)	ฟ้าคะนอง	fáa khá-norng
tuonare (vi)	มีฟ้าคะนอง	mee fáa khá-norng
tuona	มีฟ้าร้อง	mee fáa rórng
grandine (f)	ลูกเห็บ	lôok hèp
grandina	มีลูกเห็บตก	mee lôok hèp dtòk
inondare (vt)	ท่วม	thûam
inondazione (f)	น้ำท่วม	nám thûam
terremoto (m)	แผ่นดินไหว	phàen din wǎi
scossa (f)	ไหว	wǎi
epicentro (m)	จุดเหนือศูนย์แผ่นดินไหว	jùt nĕua sŏon phàen din wǎi
eruzione (f)	ภูเขาไฟระเบิด	phoo khǎo fai rá-bèrt
lava (f)	ลาวา	laa-waa
tromba (f) d'aria	พายุหมุน	phaa-yú mŭn
tornado (m)	พายุทอร์นาโด	phaa-yú thor-nay-doh
tifone (m)	พายุไต้ฝุ่น	phaa-yú dtâi fùn
uragano (m)	พายุเฮอร์ริเคน	phaa-yú her-rí-khayn
tempesta (f)	พายุ	phaa-yú
tsunami (m)	คลื่นสึนามิ	khlêun sèu-naa-mí
ciclone (m)	พายุไซโคลน	phaa-yú sai-khlohn
maltempo (m)	อากาศไม่ดี	aa-gàat mâi dee
incendio (m)	ไฟไหม้	fai mâi
disastro (m)	ความหายนะ	khwaam hăa-yá-ná
meteorite (m)	อุกกาบาต	ùk-gaa-bàat
valanga (f)	หิมะถล่ม	hì-má thà-lòm
slavina (f)	หิมะถล่ม	hì-má thà-lòm
tempesta (f) di neve	พายุหิมะ	phaa-yú hì-má
bufera (f) di neve	พายุหิมะ	phaa-yú hì-má

Fauna

135. Mammiferi. Predatori

predatore (m)	สัตว์กินเนื้อ	sàt gin néua
tigre (f)	เสือ	sĕua
leone (m)	สิงโต	sĭng dtoh
lupo (m)	หมาป่า	măa bpàa
volpe (m)	หมาจิ้งจอก	măa jîng-jòk
giaguaro (m)	เสือจากัวร์	sĕua jaa-gua
leopardo (m)	เสือดาว	sĕua daao
ghepardo (m)	เสือชีตาห์	sĕua chee-dtaa
pantera (f)	เสือดำ	sĕua dam
puma (f)	สิงโตภูเขา	sĭng-dtoh phoo khăo
leopardo (m) delle nevi	เสือดาวหิมะ	sĕua daao hì-má
lince (f)	แมวป่า	maew bpàa
coyote (m)	โคโยตี้	khoh-yoh-dtêe
sciacallo (m)	หมาจิ้งจอกทอง	măa jîng-jòk thorng
iena (f)	ไฮยีนา	hai-yee-naa

136. Animali selvatici

animale (m)	สัตว์	sàt
bestia (f)	สัตว์	sàt
scoiattolo (m)	กระรอก	grà rôk
riccio (m)	เม่น	mâyn
lepre (f)	กระต่ายป่า	grà-dtàai bpàa
coniglio (m)	กระต่าย	grà-dtàai
tasso (m)	แบดเจอร์	baet-jer
procione (f)	แร็คคูน	ráek khoon
criceto (m)	หนูแฮมสเตอร์	nŏo haem-sà-dtêr
marmotta (f)	มารมอต	maa-môt
talpa (f)	ตุ่น	dtùn
topo (m)	หนู	nŏo
ratto (m)	หนู	nŏo
pipistrello (m)	ค้างคาว	kháang khaao
ermellino (m)	เออร์มิน	er-min
zibellino (m)	เซเบิล	say bern
martora (f)	มารเทิน	maa thern
donnola (f)	เพียงพอนสีน้ำตาล	phiang phon sĕe nám dtaan
visone (m)	เพียงพอน	phiang phorn

| castoro (m) | ปีเวอร์ | bee-wer |
| lontra (f) | นาก | nâak |

cavallo (m)	ม้า	máa
alce (m)	กวางมูส	gwaang môot
cervo (m)	กวาง	gwaang
cammello (m)	อูฐ	òot

bisonte (m) americano	วัวป่า	wua bpàa
bisonte (m) europeo	วัวป่าออรอช	wua bpàa or rôt
bufalo (m)	ควาย	khwaai

zebra (f)	ม้าลาย	máa laai
antilope (f)	แอนทีโลป	aen-thi-lòp
capriolo (m)	กวางโรเดียร์	gwaang roh-dia
daino (m)	กวางแฟลโลว์	gwaang flae-loh
camoscio (m)	เลียงผา	liang-phǎa
cinghiale (m)	หมูป่า	mǒo bpàa

balena (f)	วาฬ	waan
foca (f)	แมวน้ำ	maew náam
tricheco (m)	ช้างน้ำ	cháang náam
otaria (f)	แมวน้ำมีขน	maew náam mee khǒn
delfino (m)	โลมา	loh-maa

orso (m)	หมี	mǐe
orso (m) bianco	หมีขั้วโลก	mǐe khûa lôhk
panda (m)	หมีแพนดา	mǐe phaen-dâa

scimmia (f)	ลิง	ling
scimpanzè (m)	ลิงชิมแปนซี	ling chim-bpaen-see
orango (m)	ลิงอุรังอุตัง	ling u-rang-u-dtang
gorilla (m)	ลิงกอริลลา	ling gor-rin-lâa
macaco (m)	ลิงแม็กแคก	ling mâk-khâk
gibbone (m)	ชะนี	chá-nee

elefante (m)	ช้าง	cháang
rinoceronte (m)	แรด	râet
giraffa (f)	ยีราฟ	yee-râaf
ippopotamo (m)	ฮิปโปโปเตมัส	híp-bpoh-bpoh-dtay-mát

| canguro (m) | จิงโจ้ | jing-jôh |
| koala (m) | หมีโคอาล่า | mǐe khoh aa lâa |

mangusta (f)	พังพอน	phang phon
cincillà (f)	ชินชิลลา	khin-khin laa
moffetta (f)	สกังก์	sà-gang
istrice (m)	เมน	mâyn

137. Animali domestici

gatta (f)	แมวตัวเมีย	maew dtua mia
gatto (m)	แมวตัวผู้	maew dtua phôo
cane (m)	สุนัข	sù-nák

cavallo (m)	ม้า	máa
stallone (m)	ม้าตัวผู้	máa dtua phôo
giumenta (f)	มาตัวเมีย	máa dtua mia

mucca (f)	วัว	wua
toro (m)	กระทิง	grà-thing
bue (m)	วัว	wua

pecora (f)	แกะตัวเมีย	gàe dtua mia
montone (m)	แกะตัวผู้	gàe dtua phôo
capra (f)	แพะตัวเมีย	pháe dtua mia
caprone (m)	แพะตัวผู้	pháe dtua phôo

| asino (m) | ลา | laa |
| mulo (m) | ลอ | lôr |

porco (m)	หมู	mǒo
porcellino (m)	ลูกหมู	lôok mǒo
coniglio (m)	กระต่าย	grà-dtàai

| gallina (f) | ไก่ตัวเมีย | gài dtua mia |
| gallo (m) | ไกตัวผู้ | gài dtua phôo |

anatra (f)	เป็ดตัวเมีย	bpèt dtua mia
maschio (m) dell'anatra	เป็ดตัวผู้	bpèt dtua phôo
oca (f)	หาน	hàan

| tacchino (m) | ไก่งวงตัวผู้ | gài nguang dtua phôo |
| tacchina (f) | ไกงวงตัวเมีย | gài nguang dtua mia |

animali (m pl) domestici	สัตว์เลี้ยง	sàt líang
addomesticato (agg)	เลี้ยง	líang
addomesticare (vt)	เชื่อง	chêuang
allevare (vt)	ขยายพันธุ์	khà-yǎai phan

fattoria (f)	ฟาร์ม	faam
pollame (m)	สัตว์ปีก	sàt bpèek
bestiame (m)	วัวควาย	wua khwaai
branco (m), mandria (f)	ฝูง	fǒong

scuderia (f)	คอกม้า	khôrk máa
porcile (m)	คอกหมู	khôrk mǒo
stalla (f)	คอกวัว	khôrk wua
conigliera (f)	คอกกระต่าย	khôrk grà-dtàai
pollaio (m)	เลาไก	láo gài

138. Uccelli

uccello (m)	นก	nók
colombo (m), piccione (m)	นกพิราบ	nók phí-râap
passero (m)	นกกระจิบ	nók grà-jìp
cincia (f)	นกติด	nók dtít
gazza (f)	นกสาลิกา	nók sǎa-lí gaa
corvo (m)	นกอีกา	nók ee-gaa

cornacchia (f)	นกกา	nók gaa
taccola (f)	นกจำพวกกา	nók jam phûak gaa
corvo (m) nero	นกการูด	nók gaa róok

anatra (f)	เป็ด	bpèt
oca (f)	ห่าน	hàan
fagiano (m)	ไก่ฟ้า	gài fáa

aquila (f)	นกอินทรี	nók in-see
astore (m)	นกเหยี่ยว	nók yìeow
falco (m)	นกเหยี่ยว	nók yìeow
grifone (m)	นกแร้ง	nók ráeng
condor (m)	นกแร้งขนาดใหญ่	nók ráeng kà-nàat yài

cigno (m)	นกหงส์	nók hŏng
gru (f)	นกกระเรียน	nók grà rian
cicogna (f)	นกกระสา	nók grà-săa

pappagallo (m)	นกแก้ว	nók gâew
colibrì (m)	นกฮัมมิงเบิร์ด	nók ham-mîng-bèrt
pavone (m)	นกยูง	nók yoong

struzzo (m)	นกกระจอกเทศ	nók grà-jòrk-thâyt
airone (m)	นกยาง	nók yaang
fenicottero (m)	นกฟลามิงโก	nók flaa-ming-goh
pellicano (m)	นกกระทุง	nók-grà-thung

| usignolo (m) | นกไนติงเกล | nók-nai-dting-gayn |
| rondine (f) | นกนางแอ่น | nók naang-àen |

tordo (m)	นกเดินดง	nók dern dong
tordo (m) sasello	นกเดินดงร้องเพลง	nók dern dong rórng phlayng
merlo (m)	นกเดินดงสีดำ	nók-dern-dong sĕe dam

rondone (m)	นกแอ่น	nók àen
allodola (f)	นกลาร์ค	nók lâak
quaglia (f)	นกคุ่ม	nók khûm

picchio (m)	นกหัวขวาน	nók hŭa khwăan
cuculo (m)	นกดุเหว่า	nók dù hăy wâa
civetta (f)	นกฮูก	nók hôok
gufo (m) reale	นกเค้าใหญ่	nók kháo yài
urogallo (m)	ไก่ป่า	gài bpàa
fagiano (m) di monte	ไก่ดำ	gài dam
pernice (f)	นกกระทา	nók-grà-thaa

storno (m)	นกกิ้งโครง	nók-gîng-khrohng
canarino (m)	นกขมิ้น	nók khà-mîn
francolino (m) di monte	ไก่น้ำตาล	gài nám dtaan

| fringuello (m) | นกจาบ | nók-jàap |
| ciuffolotto (m) | นกบูลฟินช์ | nók boon-fin |

gabbiano (m)	นกนางนวล	nók naang-nuan
albatro (m)	นกอัลบาทรอส	nók an-baa-thrôt
pinguino (m)	นกเพนกวิน	nók phayn-gwin

139. Pesci. Animali marini

abramide (f)	ปลาบรีม	bplaa bpreem
carpa (f)	ปลาคารุป	bplaa khâap
perca (f)	ปลาเพิรช	bplaa phêrt
pesce (m) gatto	ปลาดุก	bplaa-dùk
luccio (m)	ปลาไพค์	bplaa phai
salmone (m)	ปลาแซลมอน	bplaa saen-morn
storione (m)	ปลาสเตอร์เจียน	bpláa sà-dtêr jian
aringa (f)	ปลาเฮอร์ริง	bplaa her-ring
salmone (m)	ปลาแซลมอนแอตแลนติก	bplaa saen-mon àet-laen-dtìk
scombro (m)	ปลาซาบะ	bplaa saa-bà
sogliola (f)	ปลาลิ้นหมา	bplaa lín-măa
lucioperca (f)	ปลาไพค์เพิร์ช	bplaa phái phert
merluzzo (m)	ปลาค็อด	bplaa khót
tonno (m)	ปลาทูน่า	bplaa thoo-nâa
trota (f)	ปลาเทราท์	bplaa thrau
anguilla (f)	ปลาไหล	bplaa lăi
torpedine (f)	ปลากระเบนไฟฟ้า	bplaa grà-bayn-fai-fáa
murena (f)	ปลาไหลมอเรย	bplaa lăi mor-ray
piranha (f)	ปลาปิรันยา	bplaa bpì-ran-yâa
squalo (m)	ปลาฉลาม	bplaa chà-lăam
delfino (m)	โลมา	loh-maa
balena (f)	วาฬ	waan
granchio (m)	ปู	bpoo
medusa (f)	แมงกะพรุน	maeng gà-phrun
polpo (m)	ปลาหมึก	bplaa mèuk
stella (f) marina	ปลาดาว	bplaa daao
riccio (m) di mare	หอยูเมน	hŏi mâyn
cavalluccio (m) marino	มาน้ำ	máa nám
ostrica (f)	หอยนางรม	hŏi naang rom
gamberetto (m)	กุ้ง	gûng
astice (m)	กุ้งมังกร	gûng mang-gon
aragosta (f)	กุ้งมังกร	gûng mang-gon

140. Anfibi. Rettili

serpente (m)	งู	ngoo
velenoso (agg)	พิษ	phít
vipera (f)	งูแมวเซา	ngoo maew sao
cobra (m)	งูเหา	ngoo hào
pitone (m)	งูเหลือม	ngoo lĕuam
boa (m)	งูโบอา	ngoo boh-aa
biscia (f)	งูเล็กที่ไม่เป็นอันตราย	ngoo lék thêe mâi bpen an-dtà-raai

serpente (m) a sonagli	งูหางกระดิ่ง	ngoo hăang grà-dìng
anaconda (f)	งูอนาคอนดา	ngoo a -naa-khon-daa

lucertola (f)	กิ้งก่า	gîng-gàa
iguana (f)	อีกัวนา	ee gua naa
varano (m)	กิ้งกามอนิเตอร์	gîng-gàa mor-ní-dtêr
salamandra (f)	ซาลาแมนเดอร์	saa-laa-maen-dêr
camaleonte (m)	กิ้งกาคามิเลียน	gîng-gàa khaa-mí-lian
scorpione (m)	แมงป่อง	maeng bpòrng

tartaruga (f)	เต่า	dtào
rana (f)	กบ	gòp
rospo (m)	คางคก	khaang-kók
coccodrillo (m)	จระเข้	jor-rá-khây

141. Insetti

insetto (m)	แมลง	má-laeng
farfalla (f)	ผีเสื้อ	phĕe sêua
formica (f)	มด	mót
mosca (f)	แมลงวัน	má-laeng wan
zanzara (f)	ยุง	yung
scarabeo (m)	แมลงปีกแข็ง	má-laeng bpèek khăeng

vespa (f)	ต่อ	dtòr
ape (f)	ผึ้ง	phêung
bombo (m)	ผึ้งบัมเบิลปี	phêung bam-bern bee
tafano (m)	เหลือบ	lèuap

ragno (m)	แมงมุม	maeng mum
ragnatela (f)	ใยแมงมุม	yai maeng mum

libellula (f)	แมลงปอ	má-laeng bpor
cavalletta (f)	ตั๊กแตน	dták-gà-dtaen
farfalla (f) notturna	ผีเสื้อกลางคืน	phĕe sêua glaang kheun

scarafaggio (m)	แมลงสาบ	má-laeng sàap
zecca (f)	เห็บ	hèp
pulce (f)	หมัด	màt
moscerino (m)	ริ้น	rín

locusta (f)	ตั๊กแตน	dták-gà-dtaen
lumaca (f)	หอยทาก	hŏi thâak
grillo (m)	จิ้งหรีด	jîng-rèet
lucciola (f)	หิ่งห้อย	hìng-hôi
coccinella (f)	แมลงเต่าทอง	má-laeng dtào thorng
maggiolino (m)	แมงอีนูน	maeng ee noon

sanguisuga (f)	ปูลิง	bpling
bruco (m)	บุ้ง	bûng
verme (m)	ไส้เดือน	sâi deuan
larva (f)	ตัวอ่อน	dtua òrn

Flora

142. Alberi

albero (m)	ต้นไม้	dtôn máai
deciduo (agg)	ผลัดใบ	phlàt bai
conifero (agg)	สน	sǒn
sempreverde (agg)	ซึ่งเขียวชอุ่ม ตลอดปี	sêung khǐeow chá-ùm dtà-lòrt bpee
melo (m)	ต้นแอปเปิ้ล	dtôn àep-bpêrn
pero (m)	ต้นแพร	dtôn phae
ciliegio (m)	ต้นเชอร์รี่ป่า	dtôn cher-rêe bpàa
amareno (m)	ต้นเชอร์รี่	dtôn cher-rêe
prugno (m)	ตนพลัม	dtôn phlam
betulla (f)	ต้นเบิร์ช	dtôn bèrt
quercia (f)	ต้นโอ๊ค	dtôn óhk
tiglio (m)	ตนไมดอกเหลือง	dtôn máai dòrk lěuang
pioppo (m) tremolo	ต้นแอสเพน	dtôn ae sà-phayn
acero (m)	ตนเมเปิล	dtôn may bpêrn
abete (m)	ต้นเฟอร์	dtôn fer
pino (m)	ต้นเกี๊ยะ	dtôn gía
larice (m)	ตนลารช	dtôn lâat
abete (m) bianco	ต้นเฟอร์	dtôn fer
cedro (m)	ตนซีดาร	dtôn-see-daa
pioppo (m)	ต้นปอปลาร์	dtôn bpor-bplaa
sorbo (m)	ตนโรแวน	dtôn-roh-waen
salice (m)	ต้นวิลโลว์	dtôn win-loh
alno (m)	ตนอัลเดอร์	dtôn an-dêr
faggio (m)	ต้นบีช	dtôn bèet
olmo (m)	ตนเอลม	dtôn elm
frassino (m)	ต้นแอช	dtôn aesh
castagno (m)	ตนเกาลัด	dtôn gao lát
magnolia (f)	ต้นแมกโนเลีย	dtôn mâek-noh-lia
palma (f)	ต้นปาล์ม	dtôn bpaam
cipresso (m)	ตนไซเปรส	dtôn-sai-bpràyt
mangrovia (f)	ต้นโกงกาง	dtôn gohng gaang
baobab (m)	ต้นเบาบับ	dtôn bao-bàp
eucalipto (m)	ต้นยูคาลิปตัส	dtôn yoo-khaa-líp-dtàt
sequoia (f)	ตนสนซีค้วยา	dtôn sǒn see kua yaa

143. Arbusti

cespuglio (m)	พุ่มไม้	phûm máai
arbusto (m)	ต้นไม้พุ่ม	dtôn máai phûm
vite (f)	ต้นองุ่น	dtôn a-ngùn
vigneto (m)	ไร่องุ่น	râi a-ngùn
lampone (m)	พุ่มราสเบอร์รี่	phûm râat-ber-rêe
ribes (m) nero	พุ่มแบล็คเคอร์แรนท์	phûm blàek-khêr-raen
ribes (m) rosso	พุ่มเรดเคอร์แรนท์	phûm râyt-khêr-raen
uva (f) spina	พุ่มกูสเบอร์รี่	phûm gòot-ber-rêe
acacia (f)	ต้นอาเคเชีย	dtôn aa-khay-chia
crespino (m)	ต้นบาร์เบอร์รี่	dtôn baa-ber-rêe
gelsomino (m)	มะลิ	má-lí
ginepro (m)	ต้นจูนิเปอร์	dtôn joo-ní-bper
roseto (m)	พุ่มกุหลาบ	phûm gù làap
rosa (f) canina	พุ่มดอกโรส	phûm dòrk-rôht

144. Frutti. Bacche

frutto (m)	ผลไม้	phŏn-lá-máai
frutti (m pl)	ผลไม	phŏn-lá-máai
mela (f)	แอปเปิ้ล	àep-bpêrn
pera (f)	ลูกแพร	lôok phae
prugna (f)	พลัม	phlam
fragola (f)	สตรอว์เบอร์รี่	sà-dtror-ber-rêe
amarena (f)	เชอร์รี่	cher-rêe
ciliegia (f)	เชอร์รี่ป่า	cher-rêe bpàa
uva (f)	องุ่น	a-ngùn
lampone (m)	ราสเบอร์รี่	râat-ber-rêe
ribes (m) nero	แบล็คเคอร์แรนท์	blàek khêr-raen
ribes (m) rosso	เรดเคอร์แรนท์	râyt-khêr-raen
uva (f) spina	กูสเบอร์รี่	gòot-ber-rêe
mirtillo (m) di palude	แครนเบอร์รี่	khraen-ber-rêe
arancia (f)	ส้ม	sôm
mandarino (m)	ส้มแมนดาริน	sôm maen daa rin
ananas (m)	สับปะรด	sàp-bpà-rót
banana (f)	กล้วย	glûay
dattero (m)	อินทผลัม	in-thá-phâ-lam
limone (m)	เลมอน	lay-mon
albicocca (f)	แอปริคอท	ae-bpri-khôt
pesca (f)	ลูกทอ	lôok thór
kiwi (m)	กีวี	gee wee
pompelmo (m)	ส้มโอ	sôm oh
bacca (f)	เบอร์รี่	ber-rêe

139

bacche (f pl)	เบอร์รี่	ber-rêe
mirtillo (m) rosso	คาวเบอร์รี่	khaao-ber-rêe
fragola (f) di bosco	สตรอวเบอร์รี่ป่า	sá-dtrorw ber-rêe bpàa
mirtillo (m)	บิลเบอร์รี่	bil-ber-rêe

145. Fiori. Piante

fiore (m)	ดอกไม้	dòrk máai
mazzo (m) di fiori	ช่อดอกไม้	chôr dòrk máai

rosa (f)	ดอกกุหลาบ	dòrk gù làap
tulipano (m)	ดอกทิวลิป	dòrk thiw-líp
garofano (m)	ดอกคาร์เนชั่น	dòrk khaa-nay-chân
gladiolo (m)	ดอกแกลดิโอลัส	dòrk gaen-dì-oh-lát

fiordaliso (m)	ดอกคอร์นฟลาวเวอร์	dòrk khon-flaao-wer
campanella (f)	ดอกระฆัง	dòrk rá-khang
soffione (m)	ดอกแดนดิไลออน	dòrk daen-dì-lai-on
camomilla (f)	ดอกคาโมมายล	dòrk khaa-moh maai

aloe (m)	ว่านหางจระเข้	wâan-hǎang-jor-rá-khây
cactus (m)	ตูะบองเพชร	dtà-bong-phét
ficus (m)	ตนเลียบ	dtôn lîap

giglio (m)	ดอกลิลี่	dòrk lí-lêe
geranio (m)	ดอกเจอราเนียม	dòrk jer-raa-niam
giacinto (m)	ดอกไฮอะซินท	dòrk hai-a-sin

mimosa (f)	ดอกไมยราบ	dòrk mai râap
narciso (m)	ดอกนาร์ซิสซัส	dòrk naa-sít-sát
nasturzio (m)	ดอกแนสเตอร์ชัม	dòrk nâet-dtêr-cham

orchidea (f)	ดอกกล้วยไม้	dòrk glûay máai
peonia (f)	ดอกโบตั๋น	dòrk boh-dtǎn
viola (f)	ดอกไวโอเล็ต	dòrk wai-oh-lét

viola (f) del pensiero	ดอกแพนซี	dòrk phaen-see
nontiscordardimé (m)	ดอกฟอร์เก็ตมีน็อต	dòrk for-gèt-mee-nót
margherita (f)	ดอกเดซี	dòrk day see

papavero (m)	ดอกป๊อปปี้	dòrk bpóp-bpêe
canapa (f)	กัญชา	gan chaa
menta (f)	สะระแหน่	sà-rá-nàe

mughetto (m)	ดอกลิลลี่แห่งหุบเขา	dòrk lí-lá-lêe hàeng hùp khǎo
bucaneve (m)	ดอกหยาดหิมะ	dòrk yàat hì-má

ortica (f)	ตำแย	dtam-yae
acetosa (f)	ชอร์เรล	sor-rayn
ninfea (f)	บัว	bua
felce (f)	เฟิร์น	fern
lichene (m)	ไลเคน	lai-khayn
serra (f)	เรือนกระจก	reuan grà-jòk
prato (m) erboso	สนามหญ้า	sà-nǎam yâa

aiuola (f)	สนามดอกไม้	sà-năam-dòrk-máai
pianta (f)	พืช	phêut
erba (f)	หญ้า	yâa
filo (m) d'erba	ใบหญ้า	bai yâa

foglia (f)	ใบไม้	bai máai
petalo (m)	กลีบดอก	glèep dòrk
stelo (m)	ลำต้น	lam dtôn
tubero (m)	หัวใต้ดิน	hŭa dtâi din

germoglio (m)	ต้นอ่อน	dtôn òrn
spina (f)	หนาม	năam

fiorire (vi)	บาน	baan
appassire (vi)	เหี่ยว	hìeow
odore (m), profumo (m)	กลิ่น	glìn
tagliare (~ i fiori)	ตัด	dtàt
cogliere (vt)	เด็ด	dèt

146. Cereali, granaglie

grano (m)	เมล็ด	má-lét
cereali (m pl)	ธัญพืช	than-yá-phêut
spiga (f)	รวงขาว	ruang khâao

frumento (m)	ข้าวสาลี	khâao săa-lee
segale (f)	ข้าวไรย์	khâao rai
avena (f)	ข้าวโอต	khâao óht
miglio (m)	ข้าวฟ่าง	khâao fâang
orzo (m)	ขาวบาร์เลย์	khâao baa-lây

mais (m)	ข้าวโพด	khâao-phôht
riso (m)	ขาว	khâao
grano (m) saraceno	บัควีท	bàk-wêet

pisello (m)	ถั่วลันเตา	thùa-lan-dtao
fagiolo (m)	ถั่วรูปไต	thùa rôop dtai
soia (f)	ถั่วเหลือง	thùa lĕuang
lenticchie (f pl)	ถั่วเลนทิล	thùa layn thin
fave (f pl)	ถั่ว	thùa

PAESI. NAZIONALITÀ

147. Europa occidentale

Europa (f)	ยุโรป	yú-ròhp
Unione (f) Europea	สหภาพยุโรป	sà-hà phâap yú-rôhp

Austria (f)	ประเทศออสเตรีย	bprà-thâyt òt-dtria
Gran Bretagna (f)	บริเตนใหญ่	brì-dtayn yài
Inghilterra (f)	ประเทศอังกฤษ	bprà-thâyt ang-grìt
Belgio (m)	ประเทศเบลเยียม	bprà-thâyt bayn-yiam
Germania (f)	ประเทศเยอรมนี	bprà-thâyt yer-rá-ma-nee

Paesi Bassi (m pl)	ประเทศเนเธอร์แลนด์	bprà-thâyt nay-ther-laen
Olanda (f)	ประเทศฮอลแลนด	bprà-thâyt hon-laen
Grecia (f)	ประเทศกรีซ	bprà-thâyt grèet
Danimarca (f)	ประเทศเดนมาร์ก	bprà-thâyt dayn-màak
Irlanda (f)	ประเทศไอรแลนด	bprà-thâyt ai-laen
Islanda (f)	ประเทศไอซแลนด	bprà-thâyt ai-laen

Spagna (f)	ประเทศสเปน	bprà-thâyt sà-bpayn
Italia (f)	ประเทศอิตาลี	bprà-thâyt i-dtaa-lee
Cipro (m)	ประเทศไซปรัส	bprà-thâyt sai-bpràt
Malta (f)	ประเทศมอลตา	bprà-thâyt mon-dtaa

Norvegia (f)	ประเทศนอร์เวย์	bprà-thâyt nor-way
Portogallo (f)	ประเทศโปรตุเกส	bprà-thâyt bproh-dtù-gàyt
Finlandia (f)	ประเทศฟินแลนด	bprà-thâyt fin-laen
Francia (f)	ประเทศฝรั่งเศส	bprà-thâyt fà-ràng-sàyt

Svezia (f)	ประเทศสวีเดน	bprà-thâyt sà-wěe-dayn
Svizzera (f)	ประเทศสวิตเซอร์แลนด์	bprà-thâyt sà-wìt-sêr-laen
Scozia (f)	ประเทศสก็อตแลนด	bprà-thâyt sà-gòt-laen

Vaticano (m)	นครรัฐวาติกัน	ná-khon rát waa-dtì-gan
Liechtenstein (m)	ประเทศลิกเตนสไตน์	bprà-thâyt lík-tay-ná-sà-dtai
Lussemburgo (m)	ประเทศลักเซมเบิรก	bprà-thâyt lák-saym-bèrk
Monaco (m)	ประเทศโมนาโก	bprà-thâyt moh-naa-goh

148. Europa centrale e orientale

Albania (f)	ประเทศแอลเบเนีย	bprà-thâyt aen-bay-nia
Bulgaria (f)	ประเทศบัลแกเรีย	bprà-thâyt ban-gae-ria
Ungheria (f)	ประเทศฮังการี	bprà-thâyt hang-gaa-ree
Lettonia (f)	ประเทศลัตเวีย	bprà-thâyt lát-wia

Lituania (f)	ประเทศลิทัวเนีย	bprà-thâyt lí-thua-nia
Polonia (f)	ประเทศโปแลนด	bprà-thâyt bpoh-laen

Romania (f)	ประเทศโรมาเนีย	bprà-thâyt roh-maa-nia
Serbia (f)	ประเทศเซอร์เบีย	bprà-thâyt sêr-bia
Slovacchia (f)	ประเทศสโลวาเกีย	bprà-thâyt sà-loh-waa-gia

Croazia (f)	ประเทศโครเอเชีย	bprà-thâyt khroh-ay-chia
Repubblica (f) Ceca	ประเทศเช็กเกีย	bprà-thâyt chék-gia
Estonia (f)	ประเทศเอสโตเนีย	bprà-thâyt àyt-dtoh-nia

Bosnia-Erzegovina (f)	ประเทศบอสเนีย และเฮอร์เซโกวินา	bprà-thâyt bòt-nia láe her-say-goh-wí-naa
Macedonia (f)	ประเทศมาซิโดเนีย	bprà-thâyt maa-sí-doh-nia
Slovenia (f)	ประเทศสโลวีเนีย	bprà-thâyt sà-loh-wee-nia
Montenegro (m)	ประเทศ มอนเตเนโกร	bprà-thâyt mon-dtay-nay-groh

149. Paesi dell'ex Unione Sovietica

| Azerbaigian (m) | ประเทศอาเซอร์ไบจาน | bprà-thâyt aa-sêr-bai-jaan |
| Armenia (f) | ประเทศอาร์เมเนีย | bprà-thâyt aa-may-nia |

Bielorussia (f)	ประเทศเบลารุส	bprà-thâyt blao-rút
Georgia (f)	ประเทศจอร์เจีย	bprà-thâyt jor-jia
Kazakistan (m)	ประเทศคาซัคสถาน	bprà-thâyt khaa-sák-sà-thǎan
Kirghizistan (m)	ประเทศ คีร์กีซสถาน	bprà-thâyt khee-gèet--à-thǎan
Moldavia (f)	ประเทศมอลโดวา	bprà-thâyt mon-doh-waa

| Russia (f) | ประเทศรัสเซีย | bprà-thâyt rát-sia |
| Ucraina (f) | ประเทศยูเครน | bprà-thâyt yoo-khrayn |

Tagikistan (m)	ประเทศทาจิกิสถาน	bprà-thâyt thaa-jì-gìt-thǎan
Turkmenistan (m)	ประเทศ เติร์กเมนิสถาน	bprà-thâyt dtèrk-may-nít-thǎan
Uzbekistan (m)	ประเทศอุซเบกิสถาน	bprà-thâyt ùt-bay-gìt-thǎan

150. Asia

Asia (f)	เอเชีย	ay-chia
Vietnam (m)	ประเทศเวียดนาม	bprà-thâyt wîat-naam
India (f)	ประเทศอินเดีย	bprà-thâyt in-dia
Israele (m)	ประเทศอิสราเอล	bprà-thâyt ìt-sà-rǎa-ayn

Cina (f)	ประเทศจีน	bprà-thâyt jeen
Libano (m)	ประเทศเลบานอน	bprà-thâyt lay-baa-non
Mongolia (f)	ประเทศมองโกเลีย	bprà-thâyt mong-goh-lia

| Malesia (f) | ประเทศมาเลเซีย | bprà-thâyt maa-lay-sia |
| Pakistan (m) | ประเทศปากีสถาน | bprà-thâyt bpaa-gèet-thǎan |

| Arabia Saudita (f) | ประเทศ ซาอุดิอาระเบีย | bprà-thâyt saa-u-dì aa-ra--bia |
| Tailandia (f) | ประเทศไทย | bprà-tâyt thai |

Taiwan (m)	ไต้หวัน	dtâi-wăn
Turchia (f)	ประเทศตุรกี	bprà-thâyt dtù-rá-gee
Giappone (m)	ประเทศญี่ปุ่น	bprà-thâyt yêe-bpùn
Afghanistan (m)	ประเทศอัฟกานิสถาน	bprà-thâyt àf-gaa-nít-thăan
Bangladesh (m)	ประเทศบังคลาเทศ	bprà-thâyt bang-khlaa-thâyt
Indonesia (f)	ประเทศอินโดนีเซีย	bprà-thâyt in-doh-nee-sia
Giordania (f)	ประเทศจอรแดน	bprà-thâyt jor-daen
Iraq (m)	ประเทศอิรัก	bprà-thâyt i-rák
Iran (m)	ประเทศอิหราน	bprà-thâyt i-ràan
Cambogia (f)	ประเทศกัมพูชา	bprà-thâyt gam-phoo-chaa
Kuwait (m)	ประเทศคูเวต	bprà-thâyt khoo-wâyt
Laos (m)	ประเทศลาว	bprà-thâyt laao
Birmania (f)	ประเทศเมียนมาร์	bprà-thâyt mian-maa
Nepal (m)	ประเทศเนปาล	bprà-thâyt nay-bpaan
Emirati (m pl) Arabi	สหรัฐอาหรับเอมิเรตส์	sà-hà-rát aa-ràp ay-mí-râyt
Siria (f)	ประเทศซีเรีย	bprà-thâyt see-ria
Palestina (f)	ปาเลสไตน์	bpaa-lâyt-dtai
Corea (f) del Sud	เกาหลีใต้	gao-lĕe dtâi
Corea (f) del Nord	เกาหลีเหนือ	gao-lĕe nĕua

151. America del Nord

Stati (m pl) Uniti d'America	สหรัฐอเมริกา	sà-hà-rát a-may-rí-gaa
Canada (m)	ประเทศแคนาดา	bprà-thâyt khae-naa-daa
Messico (m)	ประเทศเม็กซิโก	bprà-thâyt mék-sí-goh

152. America centrale e America del Sud

Argentina (f)	ประเทศอาร์เจนตินา	bprà-thâyt aa-jayn-dtì-naa
Brasile (m)	ประเทศบราซิล	bprà-thâyt braa-sin
Colombia (f)	ประเทศโคลัมเบีย	bprà-thâyt khoh-lam-bia
Cuba (f)	ประเทศคิวบา	bprà-thâyt khiw-baa
Cile (m)	ประเทศชิลี	bprà-thâyt chí-lee
Bolivia (f)	ประเทศโบลิเวีย	bprà-thâyt boh-lí-wia
Venezuela (f)	ประเทศเวเนซุเอลา	bprà-thâyt way-nay-sú-ay-laa
Paraguay (m)	ประเทศปารากวัย	bprà-thâyt bpaa-raa-gwai
Perù (m)	ประเทศเปรู	bprà-thâyt bpay-roo
Suriname (m)	ประเทศซูรินาม	bprà-thâyt soo-rí-naam
Uruguay (m)	ประเทศอุรุกวัย	bprà-thâyt u-rúk-wai
Ecuador (m)	ประเทศเอกวาดอร์	bprà-thâyt ay-gwaa-dor
Le Bahamas	ประเทศบาฮามาส	bprà-thâyt baa-haa-mâat
Haiti (m)	ประเทศเฮติ	bprà-thâyt hay-dtì
Repubblica (f) Dominicana	สาธารณรัฐ โดมินิกัน	săa-thaa-rá-ná rát doh-mí-ní-gan

| Panama (m) | ประเทศปานามา | bprà-thâyt bpaa-naa-maa |
| Giamaica (f) | ประเทศจาเมกา | bprà-thâyt jaa-may-gaa |

153. Africa

Egitto (m)	ประเทศอียิปต์	bprà-thâyt bprà-thâyt ee-yíp
Marocco (m)	ประเทศมอร็อคโค	bprà-thâyt mor-rók-khoh
Tunisia (f)	ประเทศตูนิเซีย	bprà-thâyt dtoo-ní-sia

Ghana (m)	ประเทศกานา	bprà-thâyt gaa-naa
Zanzibar	ประเทศแซนซิบาร์	bprà-thâyt saen-sí-baa
Kenya (m)	ประเทศเคนยา	bprà-thâyt khayn-yâa
Libia (f)	ประเทศลิเบีย	bprà-thâyt lí-bia
Madagascar (m)	ประเทศมาดากัสการ์	bprà-thâyt maa-daa-gàt-gaa

Namibia (f)	ประเทศนามิเบีย	bprà-thâyt naa-mí-bia
Senegal (m)	ประเทศเซเนกัล	bprà-thâyt say-nay-gan
Tanzania (f)	ประเทศแทนซาเนีย	bprà-thâyt thaen-saa-nia
Repubblica (f) Sudafricana	ประเทศแอฟริกาใต้	bprà-thâyt àef-rí-gaa dtâi

154. Australia. Oceania

| Australia (f) | ประเทศออสเตรเลีย | bprà-thâyt òt-dtray-lia |
| Nuova Zelanda (f) | ประเทศนิวซีแลนด์ | bprà-thâyt niw-see-laen |

| Tasmania (f) | ประเทศแทสเมเนีย | bprà-thâyt thâet-may-nia |
| Polinesia (f) Francese | เฟรนช์โปลินีเซีย | frayn-bpoh-lí-nee-sia |

155. Città

L'Aia	เดอะเฮก	dùh hêyk
Amburgo	แฮมเบิร์ก	haem-bèrk
Amsterdam	อัมสเตอร์ดัม	am-sà-dtêr-dam
Ankara	อังคารา	ang-khaa-raa
Atene	เอเธนส์	ay-thayn
L'Avana	ฮาวานา	haa waa-naa

Baghdad	แบกแดด	bàek-dàet
Bangkok	กรุงเทพฯ	grung thâyp
Barcellona	บาร์เซโลนา	baa-say-loh-naa
Beirut	เบรุต	bay-rút
Berlino	เบอร์ลิน	ber-lin

Bombay, Mumbai	มุมไบ	mum-bai
Bonn	บอนน์	bon
Bordeaux	บอร์โด	bor doh
Bratislava	บราติสลาวา	braa-dtìt-laa-waa
Bruxelles	บรัสเซล	bràt-sayn
Bucarest	บูคาเรสต์	boo-khaa-râyt
Budapest	บูดาเปส	boo-daa-bpàyt

Il Cairo	ไคโร	khai-roh
Calcutta	คัลคัตตา	khan-khát-dtaa
Chicago	ชิคาโก	chí-khaa-goh
Città del Messico	เม็กซิโกซิตี้	mék-sí-goh sí-dtêe
Copenaghen	โคเปนเฮเกน	khoh-bpayn-hay-gayn

Dar es Salaam	ดาร์เอสซาลาม	daa àyt saa laam
Delhi	เดลี	day-lee
Dubai	ดูไบ	doo-bai
Dublino	ดับลิน	dàp-lin
Düsseldorf	ดุสเซลดอร์ฟ	dùt-sayn-dòf

Firenze	ฟลอเรนซ์	flor-rayn
Francoforte	แฟรงค์เฟิร์ท	fraeng-fêrt
Gerusalemme	เยรูซาเลม	yay-roo-saa-laym
Ginevra	เจนีวา	jay-nee-waa

Hanoi	ฮานอย	haa-noi
Helsinki	เฮลซิงกิ	hayn-sing-gì
Hiroshima	ฮิโรชิมา	hí-roh-chí-mâa
Hong Kong	ฮองกง	hôrng-gong
Istanbul	อิสตันบูล	ìt-dtan-boon
Kiev	เคียฟ	khîaf
Kuala Lumpur	กัวลาลัมเปอร์	gua-laa lam-bper

Lione	ลียง	lee-yong
Lisbona	ลิสบอน	lít-bon
Londra	ลอนดอน	lon-don
Los Angeles	ลอสแองเจลิส	lôt-aeng-jay-lít

Madrid	มาดริด	maa-drìt
Marsiglia	มาร์กเซย	màak-soie
Miami	ไมอามี่	mai-aa-mêe
Monaco di Baviera	มิวนิค	miw-ník
Montreal	มอนทรีออล	mon-three-on
Mosca	มอสโกว	mor-sà-goh

Nairobi	ไนโรบี	nai-roh-bee
Napoli	เนเปิลส์	nay-bpern
New York	นิวยอรค	niw-yôk
Nizza	นิช	nít

Oslo	ออสโล	òrt-loh
Ottawa	อ็อตตาวา	òt-dtaa-waa
Parigi	ปารีส	bpaa-rêet
Pechino	ปักกิ่ง	bpàk-gìng
Praga	ปราก	bpràak
Rio de Janeiro	ริโอเอจาเนโร	rí-oh-ay jaa-nay-roh
Roma	โรม	rohm

San Pietroburgo	เซนต์ปีเตอร์สเบิร์ก	sayn bpì-dtèrt-bèrk
Seoul	โซล	sohn
Shanghai	เซี่ยงไฮ้	sîang-hái
Sidney	ซิดนีย์	sít-nee
Singapore	สิงคโปร์	sǐng-khá-bpoh
Stoccolma	สต็อกโฮลม์	sà-dtòk-hohm

Taipei	ไทเป	thai-bpay
Tokio	โตเกียว	dtoh-gieow
Toronto	โตรอนโต	dtoh-ron-dtoh
Varsavia	วอร์ซอว์	wor-sor
Venezia	เวนิส	way-nít
Vienna	เวียนนา	wian-naa
Washington	วอชิงตัน	wor ching dtan